“十三五”时期我国商业银行转型发展研究

国务院发展研究中心课题组　著

中国发展出版社
CHINA DEVELOPMENT PRESS

图书在版编目（CIP）数据

“十三五”时期我国商业银行转型发展研究/国务院发展研究中心课题组著．—北京：中国发展出版社，2017.10

（国务院发展研究中心研究丛书．2017／李伟主编）

ISBN 978-7-5177-0790-5

Ⅰ.①十… Ⅱ.①国… Ⅲ.①商业银行—银行业务—研究—中国 Ⅳ.①F832.33

中国版本图书馆 CIP 数据核字（2017）第 261942 号

书　　名：“十三五”时期我国商业银行转型发展研究
著作责任者：国务院发展研究中心课题组
出 版 发 行：中国发展出版社
（北京市西城区百万庄大街 16 号 8 层　100037）
标 准 书 号：ISBN 978-7-5177-0790-5
经　销　者：各地新华书店
印　刷　者：三河市东方印刷有限公司
开　　本：710mm×1000mm　1/16
印　　张：13.5
字　　数：180 千字
版　　次：2017 年 12 月第 1 版
印　　次：2017 年 12 月第 1 次印刷
定　　价：46.00 元

联 系 电 话：（010）68990625　68990692
购 书 热 线：（010）68990682　68990686
网 络 订 购：http://zgfzcbs.tmall.com
网 购 电 话：（010）68990639　88333349
本 社 网 址：http://www.develpress.com.cn
电 子 邮 件：121410231@qq.com

DRC

2017

国务院发展研究中心研究丛书

编　委　会

“‘十三五’时期我国商业银行转型发展研究”课题组

课题负责人

张承惠

课题协调人

王　刚

课题组成员

张丽平　陈道富　田　辉　郑醒尘　吴　庆　孙　飞

朱鸿鸣　王　洋　陈　宁

总 序

全面贯彻落实党的十九大精神，
开创新时代政策咨询研究工作新局面

李伟

2017年10月，举世瞩目的中国共产党第十九次全国代表大会胜利召开。这是在全面建成小康社会决胜阶段、中国特色社会主义进入新时代的关键时期召开的一次十分重要的大会。党的十九大，作出了中国特色社会主义进入新时代、我国社会主要矛盾已转化为人民日益增长的美好生活需要和不平衡不充分的发展之间的矛盾等重大政治论断，确立了习近平新时代中国特色社会主义思想为党必须长期坚持的指导思想，提出了新时代中国特色社会主义的基本方略，确定了决胜全面建成小康社会、开启全面建设社会主义现代化国家新征途的目标。

党的十八大以来的五年，以习近平同志为核心的党中央以巨大的政治勇气和强烈的责任担当，提出一系列新理念新思想新战略，出台了一系列重大方针政策，推出一系列重大举措，推进一系列重大工作，推动党和国家事业发生历史性变革。如在宏观经济政策领域，面对近些年我国经济在增速、结构、动力等方面发生的深刻变化，五年来，以习近平同志为核心的党中央准确把握全球经济发展

大势和中国经济发展变化，不断创新宏观调控方式，形成了作出经济进入新常态重大判断、以新发展理念为指导、以供给侧结构性改革为主线、以稳中求进为工作方法论的宏观经济政策框架。具体而言，这个政策框架有以下几个鲜明特点：

其一，作出了新常态这一重大判断。从速度层面看，经济增长速度从高速增长转为中高速增长，经济发展的质量和内涵发生质的变化；从结构层面看，经济结构发生全面深刻变化，不断优化升级；从动力层面看，经济发展从要素驱动、投资驱动转向创新驱动。认识、把握、引领新常态是当前和今后一个时期做好经济工作的大逻辑。

其二，确立了新发展理念这一指导思想。创新、协调、绿色、开放、共享五大发展理念为经济社会发展提供了战略指引，是关系我国发展全局的一场深刻变革，攸关“十三五”乃至更长时期我国发展思路、发展方式和发展着力点。

其三，明确了推进供给侧结构性改革这一工作主线。供给侧结构性改革的最终目的是满足需求，主攻方向是提高供给质量，根本途径是深化改革，这是解决我国发展面临的突出问题与挑战的必由之路。

其四，确定了稳中求进这一工作方法论。坚持稳中求进工作总基调，并将之上升为治国理政的重要原则和经济工作的方法论，这是对经济工作思想方法作出的重大调整。强调要保持战略定力，在实践中转变急于求成的思想观念和操之过急的工作方法，推动经济转向平稳健康持续发展的轨道。

从五年来的实践成效看，在这一政策框架指导下，我国经济在经历多年调整后，趋势性下行的空间明显收窄，正在逐步迈入中高速增长阶段。特别是自2016年下半年开始，我国经济运行出现了一些积极变化，企稳基础有所增强，国际环境的有利因素也在增多，我国经济转型有望从“降速”阶段转向“提质”阶段。2017年前三季度基本延续了这一态势，经济增速达到6.9%，总体保持平稳，结构不断优化，经济发展的稳定性、协调性和可持续性增强，稳中有进、稳中向好的态势持续发展。

党的十九大对新时代推进中国特色社会主义伟大事业作出了全面部署，对开启全面建设社会主义现代化国家新征程作出战略安排，明确提出全面建成小康社会、实现第一个百年奋斗目标，又要乘势而上开启全面建设社会主义现代化国家新征程，向第二个百年奋斗目标进军。从2020年到本世纪中叶，分两个阶段安排：第一个阶段，从2020年到2035年，在全面建成小康社会的基础上，再奋斗十五年，基本实现社会主义现代化；第二个阶段，从2035年到本世纪中叶，在基本实现现代化的基础上，再奋斗十五年，把我国建成富强民主文明和谐美丽的社会主义现代化强国。这一系列战略部署为包括国务院发展研究中心在内的各类智库发挥作用提供了前所未有的广阔空间，如：社会主要矛盾所指的发展不平衡不充分的具体表现在哪些方面？本世纪中叶建成社会主义现代化强国的具体内涵和指标有哪些？现代化经济体系科学内涵是什么？如何实施乡村振兴战略？全面建设社会主义现代化国家新征程中将面临哪些风险和挑战？等等。这些重大问题，都需要智库加强前瞻性研究，提供切实可行、管用的决策咨询建议。

党的十九大指出，深化马克思主义理论研究和建设，加快构建中国特色社会科学，加强中国特色新型智库建设。智库建设的内容首次写进党的代表大会报告，令人振奋。这既为国务院发展研究中心建设国际一流高端智库提供了重大机遇，也为我们履行政策研究、政策评估、政策解读和国际交流合作“四位一体”的职能提出了更高要求。国务院发展研究中心将全面贯彻落实党的十九大精神，贯彻习近平总书记2013年4月15日关于智库建设的重要批示和中央关于智库建设的总体部署，加快落实国务院已批复的《国务院发展研究中心国家高端智库建设试点方案》，全面实施质量提升、人才优化、国际交流合作、成果传播、支撑保障和党的建设等六大工程，建立健全党的建设、人才使用与激励、研究质量保障和成果创新、经费使用和管理、成果转化和传播、研究支撑、国际交流合作、统筹利用社会资源等八个方面的体制机制，加快建设国际一流高端智库，力争到2020年进入高质量服务中央决策的政策支持力强、社会影响力大、国内领先、国际一流高端智库前列。

国务院发展研究中心将把深入学习宣传和全面贯彻落实党的十九大精神作为当前和今后一段时期的首要政治任务。作为服务党中央、国务院的政策咨询研究机构，我们将牢牢把握为中央决策服务的根本方向，以习近平新时代中国特色社会主义思想为指导，坚持马克思主义立场观点方法，坚持以人民为中心的发展思想，紧紧围绕十九大作出的“贯彻新发展理念，建设现代化经济体系”“加快建设创新型国家”“实施乡村振兴战略”“实施区域协调发展战略”“加快完善社会主义市场经济体制”“提高保障和改善民生水平，加强和创新社会治理”“加快生态文明体制改革，建设美丽中国”等一系列重大决策部署，坚持问题导向，精心选题，主动加强新时代中国特色社会主义有关经济建设、社会建设、生态文明建设的全局性、战略性、前瞻性、长期性以及热点、难点问题研究，大兴调查研究之风，不断形成一大批具有较高政策价值和较大社会影响力的研究成果，为中央科学决策提供有力的智力支持，努力开创新时代政策咨询研究的新局面。

“国务院发展研究中心研究丛书”是我们每年主要研究成果的集中呈现，自2010年面世至今，已经连续出版八年。今年这套丛书成书共包括15部著作，其中：《迈向高质量发展：战略与对策》《构建“一带一路”设施联通大网络》《打好风险攻坚战：思路与对策》等3部著作是国务院发展研究中心的重大研究课题报告；《协同：促进区域经济增长的新路径》《构建竞争力导向的农业政策体系》等9部著作，是各研究部（所）的重点研究课题报告；另3部著作是青年研究人员的优秀招标研究课题报告。

最后，对于多年来中央和地方各级领导同志给予我们的肯定和鼓励，以及社会各界读者的认可和厚爱，我们深怀感恩，并表示由衷的谢意。同时，我们也深知不足，诚恳希望各级领导、专家、学者和广大读者继续给予关心、支持和帮助，对这套丛书以及我们的工作多加批评指正，促使我们以更加振奋的精神和昂扬的姿态为推进国家治理体系和治理能力现代化、决胜全面建成小康社会、夺取新时代中国特色社会主义伟大胜利、实现中华民族伟大复兴的中国梦而不懈奋斗。

2017年11月

（作者为国务院发展研究中心主任、研究员）

内容摘要

本报告首先界定银行转型的内涵和外延，指出银行转型是银行在保持核心特征基础上的形态变化，表现为银行功能的拓展、衍生和转变。随后梳理了“十二五”以来我国商业银行转型发展的成效和存在的诸多问题，特别是银行发展与实体经济出现背离趋势、转型同质化严重等。由此进一步指出“十三五”时期银行转型将面临的三重挑战，即经济增速放缓与结构调整的挑战、金融去杠杆过程中货币政策与金融监管政策收紧的挑战、金融科技快速发展造成客户行为改变对传统服务模式的挑战。在对比借鉴主要发达国家金融危机后转型实践经验教训的基础上，报告基于2016年下半年以来对十多家不同类别商业银行现场调研走访的实践，提出了“十三五”时期我国商业银行转型的指导思想、基本原则与总体方向，并梳理了推进转型的合理内部路径（包括完善公司治理、确立差异化发展转型战略、盈利模式转型、业务模式转型、薪酬机制改革等）与外部条件（推进国有企业和地方政府融资机制改革、完善金融基础设施、监管自身转型与国有控股金融机构管理体制改革）。报告最后立足于支持商业银行提升服务实体经济效率，分别从货币政策、金融监管政策和财税政策三个维度，提出了推动“十三五”时期商业银行顺利转型的政策建议。

目录

主报告

“十三五”时期我国商业银行转型发展研究

分报告一

银行转型的内涵及外延界定

分报告二

“十三五”时期宏观环境变化与商业银行转型

分报告三

台湾银行业转型的经验

分报告四

国际金融危机之后美国等地金融改革法案及其对银行业的影响

分报告五

金融“大爆炸”改革促进英国银行业转型的经验和教训

分报告六

日本银行业转型的经验借鉴

分报告七

金融科技发展与中国银行业转型

分报告八

我国商业银行转型：现状、问题与方向

主报告

“十三五”时期我国商业银行转型发展研究

“十三五”规划提出，要构建多层次、广覆盖、有差异的银行机构体系，提升金融服务实体经济效率和支持经济转型的能力，有效防范和化解金融风险。商业银行是我国银行体系的主体。经济决定金融，金融服务经济，推动商业银行转型升级既是实现“十三五”规划发展目标，推动经济社会顺利转型升级的重要途径，也是商业银行自身可持续发展的必由之路。2016 年以来，国务院发展研究中心金融所对国内不同类别的银行业金融机构转型发展情况进行了现场调研。本报告在界定转型内涵和外延的基础上，梳理“十二五”以来商业银行转型发展的现状，直面存在的问题和产生这些问题的根源，并展望“十三五”期间商业银行转型发展面临的来自实体经济、金融监管、金融科技等多个维度的挑战。在对比借鉴主要发达国家危机后商业银行转型经验教训的基础上，提出“十三五”时期我国商业银行转型的内涵、指导思想、基本原则、总体方向和实施路径，最后提出支持我国商业银行顺利转型的政策建议。

一、银行转型的内涵与外延

（一）银行转型释义

银行的“型”态是具有自组织的系统。它是银行基于某种理念和商业模式，通过设计与此相适应的组织、制度流程，并最终通过为服务群体提供特定金融产品和服务，从而实现其功能定位。这是一个多层次、相互适应构成完整系统的“型”态。

所谓银行转型，是银行在保持其核心特征基础上的形态变化。转型有三种表现。一是功能的拓展——形态的横向发展。从单一职能向多种职能转变，从某种服务领域向其他服务领域拓展等。二是功能的衍生——形态的纵向发展。基于原有功能，衍生出更多链条，或者用不同的形态来实现原有功能。三是功能的转变——对银行定义的某种修正。对银行的商业模式、基本功能根据环境进行修正，并改变其组织架构和产品模式以适应这种改变。这是更为根本的“转型”，是银行避免自己在历史中“消亡”而进行的最大程度的自我改变。

（二）当前我国银行转型的内涵和外延

银行转型，是外部环境变化和内部机制演变相互结合的产物，是指银行为适应所处经济金融（含监管）环境的变化，在功能定位、商业模式和实施主体等方面进行转变，是检验并提高组织对环境变化适应性的过程（图1）。

当前我国银行业的转型已不再仅仅是观念上的紧迫性，银行经营环境的快速变化，使得银行转型具有生死攸关的现实紧迫性。不同银行在所在市场环境，按照各自所理解的银行转型，逐步推进最终决定

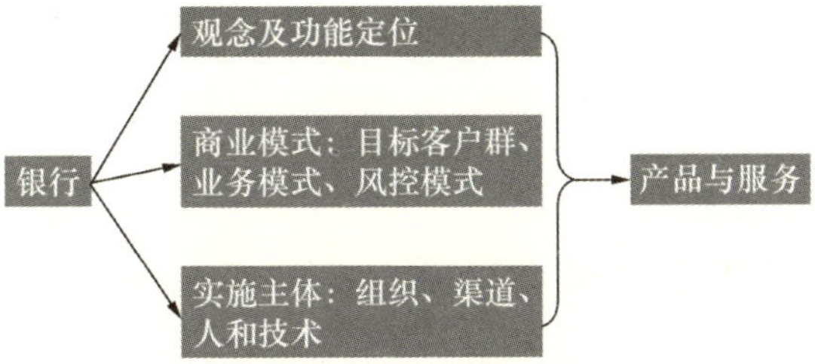

图1 银行转型的内涵和外延

其命运的变革。

1. 银行转型

银行是一个在特定经济金融领域内运行的组织，其转型将通过组织、渠道、技术和人才等构成要素及其结构的变化而显现，并通过其提供的产品和服务的有效性来检验。银行转型的结果体现为银行服务功能的调整和银行业结构的变化。目前看，“十二五”以来银行经营理念正在转变，逐步回归“企业”和“银行”本源，更加关注和了解客户，提高为客户服务的效率；服务对象从“重资本”企业为主转向“轻资本”企业，关注风险成本和资本成本；注重银行的规模效应和协同效应，抱团取暖、战略合作等行为较为普遍。与此同时，近些年来，银行的集团化、综合化、国际化和科技化等趋势较为明显。由于监管等方面的不协调，银行还呈现出“表外化”和“脱媒化”的特征，银行的风险管理和组织设计也因此而开始转变。

从内容上来看，银行转型主要包括发展方式转型、业务模式转型和管理转型。发展方式主要从数量和质量关系的角度来理解，即驱动银行发展的数量和质量关系的不同组合方式，有外延扩张型和内涵集约型之分。业务经营模式可以分为以存贷款业务为主的传统经营模式，和大力发展零售业务、中间业务、提供综合化、国际化服务的现代经营模式。管理模式则泛指银行资产负债管理、授信管理、成本管理等内部管理的方式方法。上述三者相辅相成、紧密联系，发展方式转型是先导，起到战略引导作用，业务模式转型是核心，管理转型则是根本保障。

2. 银行功能转变

在宏观层面，银行转型体现为银行功能的转变。金融的主要功能是实现资金更有经济效率的配置。长期以来，我国的银行受到国家严格管控并服务于国家的经济建设，主要承担资金资源的集中并按照国家如产业政策和经济原则进行配置的职能。近期由于环境变化，导致我国银行功能转变压力不断加大。

（1）经济发展阶段转变和服务对象变化

不同经济发展阶段（发展动力和发展方式不同），其产业特征和相应的融资需求不同，对银行在融资体系中所需承担的功能要求也就不同。这种功能要求通过银行所服务的对象及其金融需求的不同而体现出来。大中型企业和国有企业是传统银行服务的主要对象，但随着股票和债券市场的发展，越来越多的大中型企业和国有企业转向股票和债券市场融资，银行服务对象不得不转向中小企业。此外，随着我国进入工业化中后期，基础设施和成熟企业的资金需求在下降，银行业开始关注创新型企业和成熟企业非传统环节的资金需求。零售业务逐步获得银行的重视，开始关注并适应客户消费习惯的变化（图2）。

（2）利润来源和价值增值渠道转化

利差收入是银行以往最主要的利润来源，但其实际承担并管理的风险有限。大量的市场风险，由于价格管制、政策性业务剥离以及两轮不良资产政策性处置等原因，绝大部分最终由国家承担，企业的信用风险和流动性风险，银行通过抵押、长期项目短期贷款等方式转嫁给企业，真正由银行承担的风险并不大。随着利率市场化等价格管制的放开，存款保险制度等推出，企业在市场中的地位有所提升，以无

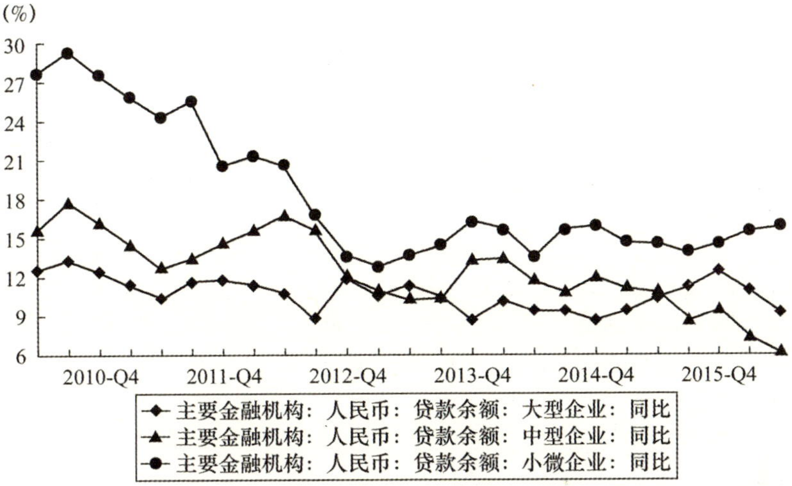

图2　主要金融机构不同类别企业贷款占比

资料来源：Wind 资讯。

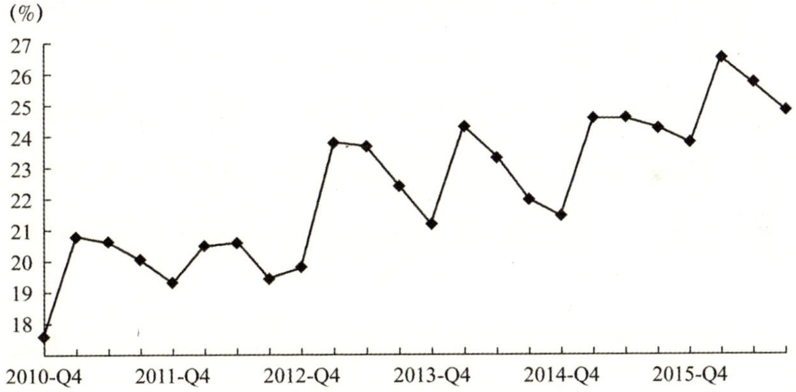

图3　商业银行非利息收入占比

资料来源：Wind 资讯。

风险利差为主要利润来源的价值增加渠道开始萎缩，开始转向风险收益（图3）。

（3）跨业竞争格局发生变化

一方面，股票债券等证券市场的发展开始侵蚀并改变社会融资格局；另一方面，互联网金融尤其是其中的第三方支付等，开始争夺银行结算和清算业务。从人民币贷款占社会融资规模的比重来看，2002

年以来该比重持续下降，但2013年后又所有提升，反映了这个转型过程的曲折性（图4）。

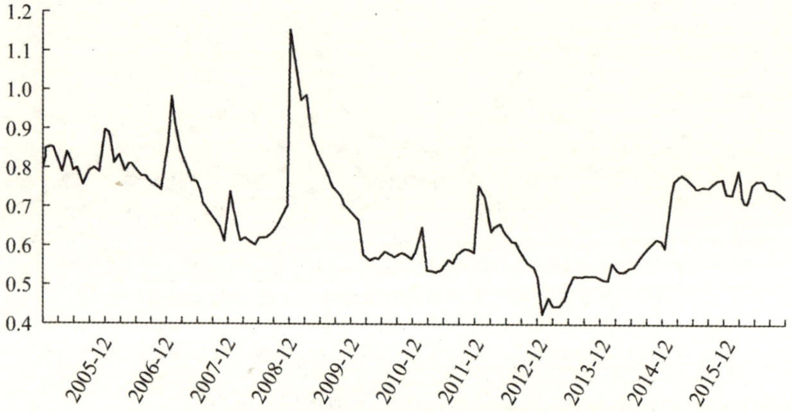

图4 人民币贷款占社会融资规模的比重

资料来源：Wind资讯。

（4）数据和技术手段使得银行功能转型成为可能

电子化和网络化在经济社会中逐步普及，开始形成大数据，加上近期发展起来的云计算、复杂计算以及区块链等技术，使得低成本、深入挖掘客户需求并提供更有效的风险评估和更贴身的金融服务成为可能。

总之，我国银行的功能已从最基本的资源（资金）再分配功能，逐步增加了其他功能，如风险管理和金融创新等银行传统的本源性功能，从特殊行业开始向服务行业和金融本质回归，金融服务的组织者和平台的提供者功能逐步得到培育。

3. 银行业结构变化

在中观层面，从行业角度看，银行转型表现为银行业市场结构的变化。

首先是市场集中度的变化，从原来的以四大银行为主的格局逐步增加市场竞争主体。从存贷款市场的集中度来看，2011年左右四大国有银行的存贷款占全部金融机构存贷款的比重在50%左右，到2016年该比重已下降到40%左右，且还处于下降的趋势之中（图5）。

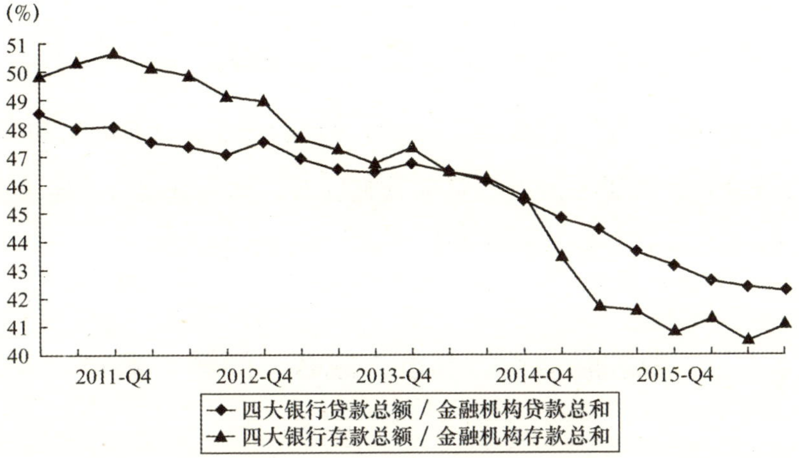

图5　四大银行/金融机构存贷款总和

资料来源：Wind资讯。

其次是市场初步形成分层。一是全国性商业银行，网点遍布全国，业务品种齐全且金融创新能力强。二是区域性股份制银行和城市商业银行，其优势在于与所在地区密切相关。这类机构关注开发区域业务特点，强调与其他金融机构的战略合作。三是大量的农村商业银行、村镇银行等金融机构，主要在县域经济内发挥金融功能。四是专注互联网业务的部分民营银行，更加关注支付、交易和经纪中介，包括信用评估服务等领域。

再次是市场从同质和价格竞争开始转向差异化经营。在相当长时间内，我国银行业既存在竞争主体不足、大量金融服务缺乏金融机构提供、银行和企业的地位不对等等问题，也存在银行商业模式雷同，产生严重的同质竞争，银行大量资源投入到相同区域、相同客户尤其是大中型优秀企业的竞争上，甚至陷入惨烈的价格竞争之中，出现部分企业利用银行过度竞争在不同银行之间不断转移的现象。利率市场化改革加速推进以来，银行开始积极寻找自己独特的市场定位，立足服务于不同客户群体的不同金融需求，开发不同的风险评估和管理工具，实现不同的价值增值渠道，开始转向有所差异的竞争模式。

最后是银行功能实现方式的转变，形成兼顾稳定和灵活的生态系统。银行业在前、中、后台实现专业性分层、分工，既有稳定和统一，能满足规模化金融服务需求的基础设施层面，又具有相对稳定性和灵活性的平台层，还具有各种特色的交易、外包等服务层。

二、我国商业银行转型：成效、问题与根源

（一）“十二五”以来我国商业银行转型成效

回顾我国银行发展史，银行转型始终在路上。但作为典型的顺周期行业，由于恰逢我国2001年加入WTO后迎来宏观经济发展上行周期，在存贷款利率管制背景下“躺着赚钱、利润多得不好意思说”，长期以来银行转型外在压力和内在动力不足。“十二五”以来，外部环境发生重大变化。随着我国经济发展转型换挡，在推进“三去一降一补”过程中银行不良贷款上升，面临风险管控的巨大挑战。同时，利率市场化改革加速推进，金融科技异军突起，银行准入政策放宽，允许民间资本发起设立民营银行，存款保险制度推出等，使得银行业金融机构正面临日益严峻的挑战。在此过程中，银行转型已经有了实质性推进并越来越具有生死攸关的现实紧迫性。

1. 推进业务模式创新，降低信贷收入比重

工行明确将降低信贷在资产规模中的占比作为重要的转型方向，投入资源推动新兴业务条线壮大。截至2015年年末，理财产品余额2.6万亿元，巩固了国内资产管理第一大行的地位。同时投行、资管、

养老金、贵金属等均保持市场龙头地位。新兴业务条线的壮大对冲了传统信贷业务因利差持续收窄带来的冲击。

招行进一步明确“轻型银行”的转型方向和“一体两翼”的战略定位。零售金融综合实力和主体地位不断加强，推出国内首家微信银行，私人银行管理资产规模全行业第一，实现零售存款平均成本率业内第一。

兴业银行经营特色更加鲜明，成为国内城镇化金融领域主要竞争者、绿色金融市场领跑者和同业合作服务领域的先进者，在货币市场、资本市场、外汇及衍生品交易等多个市场率先布局并形成一定的先发优势。

平安银行经过三年的高歌转型，零售业务基础得以夯实。截至2015年年末，零售客户超过3000万，存款接近300亿元，营业收入266亿元，实现再造一个平安零售的成绩。

青岛银行秉持“银行的特色不是自己想出来的，而是当地经济特征决定的”的方针，采取一体两翼思路，以银行授信为体，左翼通过投行业务连接资本市场，右翼通过交易银行连接货币市场，形成全资金链和资产链运营模式。

2. 调整组织架构，提高运营效率

除了推进业务模式创新外，越来越多银行重视优化自身组织架构，试图从内部机制层面形成协同创新能力，以提高运营效率。

如工行以“One ICBC”为立足点，以集团一体化经营体制建设为突破口，推动总行组织机构调整、利润中心改革深化、总部职能架构优化。2014年将总行部室减少到26个，利润中心增加到11个，总行机构分为营销管理、风险管理、综合管理和支持保障四大板块。

建行积极向集约化转型。一是新设资产管理、同业业务和金融市场交易三个直营业务中心。二是对目前完全垂直独立的风险管理体制进行微调，总分行主要负责人对一定范围内的经营风险收益负主要责任。

中行撤销五大总部，调整为38个一级部门和6个直属机构推进东盟地区业务调整，将当地部分机构和业务转让给中银香港，提升当地集约化管理和一体化经营水平。

招行为落实一体两翼战略，先后成立零售业务总部、公司金融总部和同业金融总部，以加强条线统合管理。

兴业银行在总分行层面完成业务架构调整，分别对应企业金融总部、零售银行总部和金融市场总部，并在每个条线下设风险管理部。

民生银行从2007年起先后启动两轮事业部制改革，推动事业部逐步从传统的存贷款模式向专业化投行方向发展。

平安银行一是构建大对公、大零售、大行政、大内控管理体系，全面落实风险派驻机制；二是推进事业部改革，激发产品/平台事业部的创新积极性。

苏州银行形成公司银行业务、零售银行业务、金融市场业务三大专业化经营事业部，公司银行总部按照行业设立子事业部，集中上收区域重点客户、机构客户和房地产企业客户，组建专营团队逐一对接。

3. 发展绿色金融，推动绿色发展

绿色发展离不开绿色金融，绿色金融已成为我国银行业金融机构重要转型方向之一。近年来，我国商业银行绿色金融方面的实践不断推出。

例如，农行2015年10月在伦敦发行9.95亿美元等值的双币种绿色债券，并在伦敦交易所挂牌上市；同时与法国东方汇理资产管理公司合作，发起中法国际能源过渡绿色基金。

建行2015年成立全行绿色信贷委员会，制定《中国建设银行绿色信贷实施方案》，全面推进绿色经营管理的各项任务。

兴业银行作为国内首家“赤道银行”，截至2015年年末已累计为6000余家企业提供绿色金融融资共计8046亿元，2016年1月又发行100亿元绿色金融债。

浦发银行2016年两次累计发行350亿元绿色金融债。

华夏银行2015年发起设立100亿元的碧水蓝天产业投资基金，深化与世界银行等机构的绿色信贷国际合作。

截至2015年年末，华夏银行为34家企业的49个项目提供外国政府绿色信贷转贷款24.23亿元。

4. 稳步推进综合化经营，扩大多元化优势

推进综合化经营是不同类别银行推进转型的重要突破口。

例如，建行目前拥有基金、租赁、信托、人寿、期货、养老金6家子公司、1家境外非银行类子公司和27家村镇银行，实现综合运用发债、理财、信托、租赁和IPO等综合融资方式，“一站式”满足客户多元化需求；积极推进集团大资产大负债管理，实现资金、财务、信贷等资源在集团内统筹配置和利用。

中行稳步推进综合化经营，多元化优势不断扩大。2015年各子公司实现利润同比增长51%，在集团利润占比达5.6%，提高1.85个百分点。

招行综合金融布局起步较早，目前已经拥有保险、基金、租赁、消费金融等非银行金融机构牌照。

平安银行依托集团综合金融平台，力求为客户提供“一个客户、一个账户、多个产品、一站式”服务的全方位综合金融服务体验。

兴业银行集团化发展取得重大突破，以银行为主体，涵盖信托、租赁、基金、证券、期货、资管、消费金融、金融研究、数字金融等的综合金融集团基本建成，已成为国内金融牌照最齐全的银行集团之一。

浦发银行积极开展综合化经营，加快从单一资金中介向全面服务中介转型，从银行领域向跨银行领域发展，集团化、综合化经营格局初步形成。

5. 国际化发展战略取得重要进展

“十二五”时期，为支持“一带一路”大战略的实施，国内不少银行都将国际化作为业务转型的重点领域。

一是业务规模增长迅速。截至2015年6月末，五大行的境外资产规模达到9.7万亿元人民币，是2010年年末的2.7倍；营业收入和税前利润分别达到1061亿元和513亿元人民币，分别为2010年的1.3倍和1.2倍。

二是区域覆盖不断扩大。截至2015年6月底，中资银行在50多个国家和地区设立1200多家分支机构，其中五大行境外机构占比超过90%。

三是集团贡献度明显提升。“十二五”时期，五大行境外资产、营业收入和税前利润年均增长20%左右，明显高于人员和机构5%左右的增长水平。同时，这三项指标占五大行集团整体的比重分别达到9.2%、8.3%和7.6%，较2010年分别提高3.6、2.4和1.4个百分点。五大行之外，部分全国性股份制银行也在积极推进国际化战略。如招行已在7个国家和地区布局，网点覆盖美欧亚10个国际城市，目前海外分行以服务境内客户为切入点，以信用传输融资类业务为主，并逐步向“轻型化”转型，兴业银行设立香港分行，国际化发展迈出了实质性一步。

6. 大力发展金融科技，向智慧型银行转型

科技虽不会改变金融的本质，但不代表在金融科技加速发展的大环境下，金融仍然一定是传统金融机构的自留地。不同类别的银行都积极发展自身金融科技业务，推动本行向智慧型银行转型，主动迎接挑战。

例如工行。一是建立融 e 购、融 e 行、融 e 联三大平台，形成了互联网金融运作的基本架构。二是打造形成线上支付、融资、投资理财三大产品线。2016 年上半年 e 支付客户接近 1 亿，支付金额超过 2000 亿元，投资理财交易额超过 3000 亿元；网络融资余额超过 6000 亿元。

建行依托新一代核心系统，加强基于互联网、物联网、大数据的智慧型产品、服务和模式创建，构建网络综合金融服务平台。高标准建成 12 家智慧银行和一批旗舰网点，成为国内首家在生产环境实现“金融云”的商业银行。

中行制定互联网金融 e 中银三年发展规划，推出跨境电商直连、易商理财等创新产品，推进大数据精准营销和网络融资应用。同时网点智能化建设取得初步进展，2015 年建成智能化网点 2598 家，网均减少柜员 0. 9 人。

招行采取手机优先策略，将客户服务以手机为中心进行重构，打造“以手机为中心，端到端服务流程”，推动组织向互联网靠拢。让手机 APP 连接一切金融服务，通过“手机即卡、手机即网点、手机即顾问”实现“手机即银行”，达到体验更好、成本更低、服务更轻的目标。

浦发银行正式发布“SPDB +”互联网金融发展战略，一是提升渠道的数字化服务能力，二是创新互联网融资业务模式，三是推进“SPDB +”与实体经济互联网生态圈的融合。

平安银行在公司业务端推出“供应链金融+互联网金融”整合服务平台——橙e网平台，集成了PC网页、移动终端APP等多个服务渠道和功能模块，无缝嵌入交易必需的支付结算、网络融资、投资理财和物流增值服务。在零售业务端加大推进零售智能银行建设力度，口袋银行、平安橙子直通银行不断创新功能。

（二）当前商业银行转型存在的问题

1. 银行发展与实体经济出现背离趋势

在经济发展进入新常态，实体经济出现结构性失衡、盈利能力下降的情况下，近年来的宏观调控实践中仍以过度增发货币来扩大总需求以保增长。由于缺乏回报，增加的货币资金很多没有进入实体经济领域，而是在金融系统自我循环或涌入房地产市场，造成资产价格泡沫积聚，银行发展与实体经济出现较为明显的背离趋势。

银行发展与实体经济背离具体表现为脱实向虚、过度金融化和融资难融资贵并存。

其中，脱实向虚主要表现为两点。

一是2015年以来个人购房交易类贷款大幅增加。2016年新增4.96万亿元，较2015年增长88.6%，占同期新增贷款比重达39.2%，比2015年提升16.5个百分点。其中，平安银行房贷增幅85%、中信银行房贷增幅63%，分别创出近四年和五年的新高。江苏银行房贷余额占比超过50%，招行房贷余额占比接近48%。

二是银行体系大量资金空转而不流入实体经济。如2015年以来，银行同业类理财规模和比重快速上升。2016年12月末，银行同业类理财规模达到5.99万亿元，占同期理财规模比重达到20.61%，比2015年年末高出7.84个百分点，比2016年年中上升5.32个百分点（图6）。

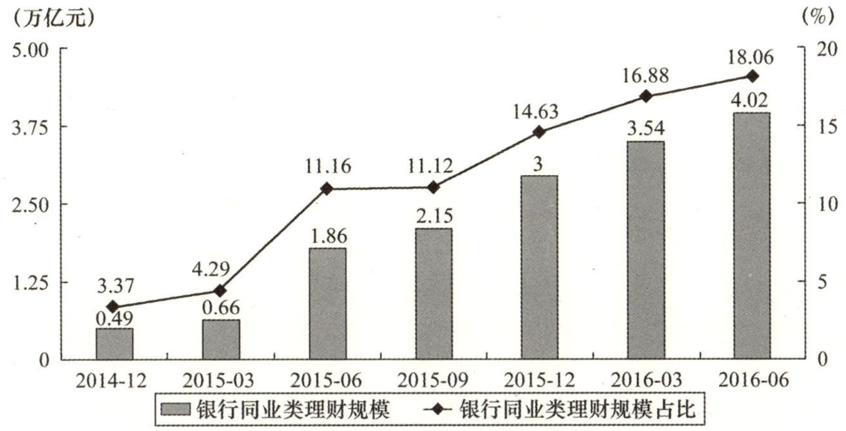

图6　银行同业类理财规模及其占比

资料来源：2014 年、2015 年及2016 年《中国银行业理财市场报告》。

过度金融化主要表现在三个方面。一是金融业规模过度膨胀。2016 年年末中国银行业金融机构资产规模达226.3 万亿元，超过欧盟居全球首位，是2008 年年末的3.63 倍，而2016 年 GDP 仅为2008 年的2.33 倍。而且需要指出的是，上述统计尚未包括类信贷等表外影子银行业务的规模。

二是金融业增加值占比迅速上升。2016 年金融业增加值占 GDP 比重8.3%，超过英美等发达国家，居主要经济体之首（图7）。

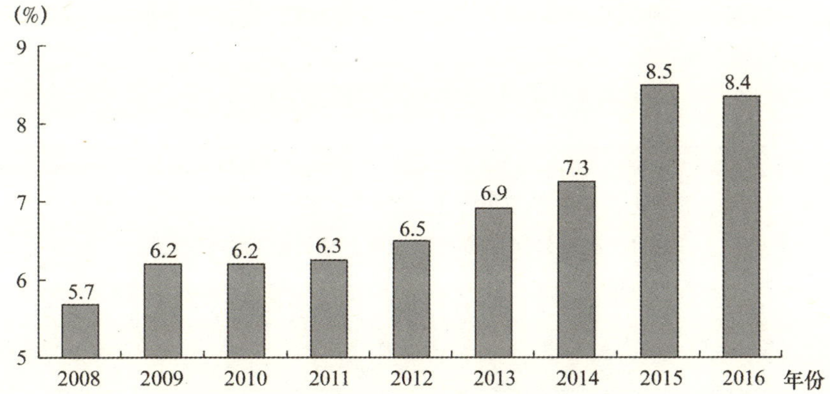

图7　我国金融业增加值占 GDP 比重

资料来源：Wind 数据库。

三是金融与实体经济利润严重失衡。2015 年 A 股金融类上市公司在全部上市公司净利润占比接近 60%（图 8）。

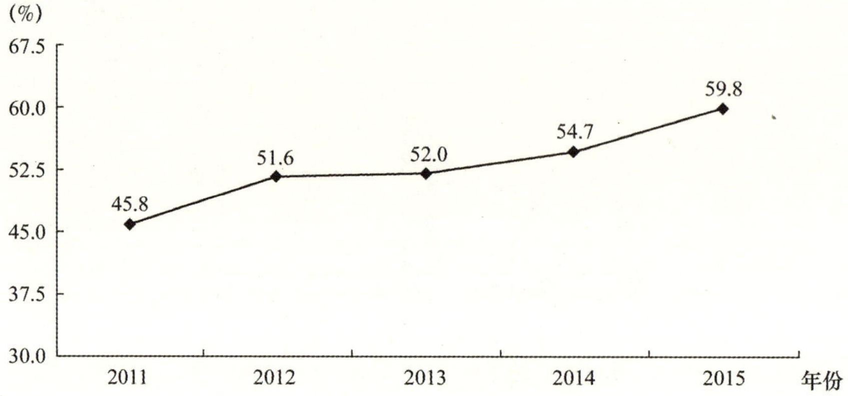

图 8　金融类上市公司净利润比重

资料来源：Wind 资讯。

2015 年全部上市银行净资产收益率 15.9%，是非银行类上市公司的近 2 倍[①]（图 9）。过度金融化加剧了金融与实体经济的失衡。

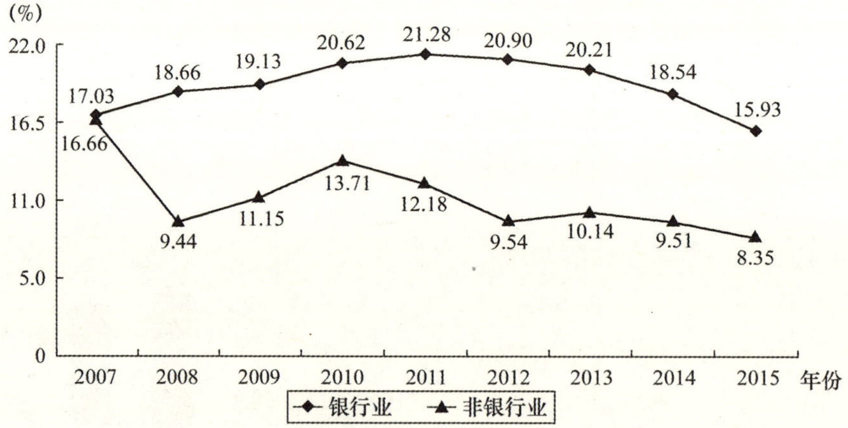

图 9　上市公司净资产收益率：银行业与非银行业

资料来源：Wind 资讯。

① 必须指出的是，收益当期化、风险滞后性是银行业的典型特征，因此风险暴露前银行业的高会计利润存在虚高成分。

企业融资难、融资贵。实体经济的一些合理融资需求没有得到应有的满足，突出地表现为科创企业、小微、三农依然不同程度地面临“融资难、融资贵”难题。

2. 转型同质化问题严重

自专业银行推行商业化改革以来，同质化经营一直是我国银行发展中的突出问题。值得注意的是，在转型过程中再次出现同质化倾向。

一是发展战略同质化。各银行提出的发展方向有颇多相同之处。互联网金融，打造交易银行、零售银行、轻型银行，发展财富管理等中间业务，成了各家银行竞相角逐的重点领域。在外界环境竞争加剧、客户需求多样以及国家对外开放进程加快的环境下，综合化、国际化的发展战略更是大型银行转型的重点。

二是市场定位同质化。在区域定位上，当前服务京津冀一体化、长江经济带以及积极参与“一带一路”战略，成为各家银行业务拓展的突破口。在客户定位上，随着金融脱媒现象的加剧，银行大客户流失严重，存款增速持续下降，大多数银行都出现了客户下沉的现象，加大力度发展中小及小微企业客户。

三是业务结构同质化。随着利率市场化的推进，营业收入构成中利差收入占比普遍缩小，中间业务收入逐年上升。目前除个别银行非利息收入在总收入中占比超过30%以外，多数银行的非利息收入占比在20%以下，与目前国际一流银行普遍40%左右的非利息收入占比尚有较大差距。

四是产品和服务同质化。在银行业中不存在创新，这是银行从业者公认的事实。因为银行业中模仿、复制的速度惊人。所以，虽然各家银行都在探索特色化之路，但同时也不愿放弃任何一个领域的蛋糕，这就导致我国银行业中产品和服务还是高度趋同。

3. 资产负债结构脆弱性增加

一是银行非信贷资产快速增长。截至2016年1季度末，银行业金融机构投资余额52.2万亿元，同比增长近50%，超过同期资产规模增速32.6个百分点。个别银行投资占总资产的比重超过50%。其中以非标资产为主的非债券投资占41.5%，同比增速超过80%。

二是负债稳定性下降。利率市场化改革加速推进以来，不少银行从以往以存定贷为主的模式转向主动负债模式，存款和同业负债此消彼长，负债稳定性下降。非标债权业务快速增长，资产负债期限错配程度有所上升。从2006年年末至2015年年末，存款在商业银行负债中的占比由87.2%下降至75.4%，而同业负债占比由15.3%上升至17.0%。其中同业存单自2013年年底推出以来，规模迅速扩大，截至2017年3月底，同业存单规模已达7.8万亿元。不少中小银行以快速大量发行同业存单为起点，通过特殊目的实体SPV多层嵌套，主动加杠杆，形成复杂的同业套利链条。

三是表外业务异军突起。以资产托管、代客理财、委托贷款、表外理财委外等为代表的新型表外业务发展迅猛，个别银行表外业务规模超过表内。

4. 潜在金融风险有所加大

伴随经济减速换挡、经济结构转型升级，银行业进入了高风险、中低回报的发展新常态。随着不良贷款趋势性回升，银行需要计提更多的拨备。与此同时，利率市场化背景下存款分流、监管加强，银行吸纳资金的成本不断提升，形成风险资本和资金成本双升的局面。在经济增长动能转化过程中，银行战略风险的重要性凸显，风险偏好提升，信用风险伴随客户下沉策略的实施自然加大，利率风险及其影响上升，流动性风险状况更为复杂，加上风险关联性提升，多重风险交织导致的风险传染性更强。

特别是近年来规模迅速扩大的非债券投资业务以及各类新型表外业务，多涉及跨业、跨市场的交叉金融产品，部分资金借助“通道”“夹层”等渠道规避监管和隐匿风险，资金最终投向类信贷资产，其风险识别和管控的难度高于一般贷款。对于非债券投资业务，部分银行未落实穿透要求，基于实际风险水平计算风险权重，拨备与资本计提不足。对于新型表外业务，部分银行并未按照穿透原则，实现资金来源和投向的一一对应，由此承担了相关的声誉风险、流动性风险和操作风险，相关资本计提也不充分。在流动性方面，一是银行负债端竞争不断加剧，负债管理难度和维护成本呈现上升趋势；二是部分中小银行负债来源过于依赖同业等批发性融资，在金融市场发生流动性紧张时容易受到冲击；三是部分银行以短期资金对接中长期信贷类资产，存在较大的期限错配风险。

（三）产生上述问题的原因

无可否认，当前银行转型过程中出现了一定程度的乱象。银行业服务实体经济的效率有所下降，金融领域风险累积程度较高，需要引起高度重视。

1. 外部原因

一是经济和政策环境发生了变化。前期以货币增发为主的刺激政策导致流动性宽松，而转型过程中的实体经济特别是制造业领域回报率下降，信用风险提高，在这种情况下，以同业、委外等渠道运用资金获取相对安全的收益成为银行的理性选择。

二是金融改革改变了经营环境。利率市场化改革进程中银行业混业经营实质性提速，这一背景下现行分业监管体制的空白和短板被放大，商业银行借助信托、保险、证券、资管非银行金融机构推出了一些带有监管套利性质的交易产品、模式和结构，并通过多层嵌套实质性提升了杠杆率，而“各管一段”的监管部门并不掌握整个业务链条的风险信息。

三是市场规则有待完善。虽然2015年出台了《存款保险条例》，但缺乏市场化、法治化的违约处置机制，刚性兑付尚未被彻底打破，金融机构破产退市机制尚未建立，银行无法真正做到“自担风险”，切实承担风险管理责任。这就导致银行可能忽视审慎合规经营理念，一味追求做大，出了风险则倒逼央行投放货币维稳，存在严重的道德风险。

2. 内部原因

从银行自身看，市场化改革尚不彻底是产生问题的根本原因。

一是公司治理不完善。公司治理改革推进多年仍处在“形似”而“实未尽至”的阶段，大型商业银行授权体系不够健全，董事会权力责任不够清晰，市场化激励约束机制有所倒退。中小型银行主要股东对银行经营行为施加的干预过多，经济下行周期回报要求不尽合理。

二是股东回报要求依然偏高，激励机制短期化。调研中了解到，在经济增速下行期多数银行的主要股东并未主动调低回报预期，同时银行现行激励考核机制和薪酬体系不尽合理，更多关注资产收益率（ROA）、资本收益率（ROE）指标的行业对标，而较少考虑风险调整后的回报要求；以短期激励为主，没有形成对董事、监事、高管层的长短兼顾的综合激励考核体制，容易从源头上诱发银行经营的短期行为，忽视长期风险。

三是内部管理能力有待提升。国际银行推进转型的经验和教训表明：银行要成功实现业务模式转型，必须同时推进内部管理转型。当前我国商业银行内部管理能力整体上看仍亟待提升。具体表现在以下5个方面。

①在经营理念上，“规模即效益”仍是多数银行的经营理念，只不过这里规模已不再仅仅指银行表内资产，而是包括表外业务和表外业务所涵盖的各类资产总和。而且在资产负债管理方面，随着利率市场化、金融脱媒背景下资产负债结构多元化，对资产负债管理的广度、深度以及前瞻性的要求都随之提高。

②在定价管理上，国内银行尤其是中小型银行内部FTP定价策略需要进一步完善，利率风险分担原则尚不够明确，与定价相关的基础数据积累存在一定缺失，相关人才也比较缺乏。

③在资源配置和成本管理上，尚未建立以战略为导向的资源配置机制，资源配置效率较低，成本管理手段较为落后，特别是前台业务部门缺乏成本管控意识，很难适应市场环境的转变。

④在绩效考核上，考核指标偏多、缺乏灵活机动性、效益指标的考核权重偏低等弊端迫切需要加以改进。

⑤在风险管理上，国内银行尤其是中小型银行普遍缺乏高级的量化风险管理技术，利率市场化条件下的利率风险管理能力也亟待提高。在体制机制上，我国商业银行仍然沿用“块块”的传统模式，条块分割还比较严重，尚未建立起以客户为中心、自上而下的、专业化、协同性的垂直型管理的组织架构。

三、“十三五”时期银行转型面临的挑战

（一）经济增速放缓与经济结构调整带来的挑战

我国经济增长从2010年第二季度起明显减速，到2016年已经连

续24个季度下降，GDP增速降至25年来的最低。出口和固定资产投资减速更为明显，大力推进的结构性调整、去产能等措施在短期内也将对经济增速造成影响。同时，随着股票市场和债券市场规模的显著扩大，我国融资活动中直接融资占比将提高到25%～30%。与此同时，“十三五”期间伴随经济发展方式从依赖外贸和投资转向更多依靠消费需求增长，以及在去产能过程对不合理产业结构的调整和过剩产能的淘汰和退出，补短板带来企业运行方式的创新，加上货币政策朝稳健中性方向收紧，上述因素可能产生三个结果。

一是可能导致我国银行业信贷平均增速明显低于“十二五”时期[①]。这将对商业银行主要通过规模扩张获得盈利的粗放型发展方式构成重大挑战。“十三五”时期，在去产能、去杠杆的宏观经济政策框架和稳健中性的货币政策框架下，银行存量信贷不良率持续攀升（图10），信贷快速增长空间有限；同时去杠杆的大趋势下流动性偏紧的格局将持续，银行存款增长受到较大制约，信贷投放能力受到限制。

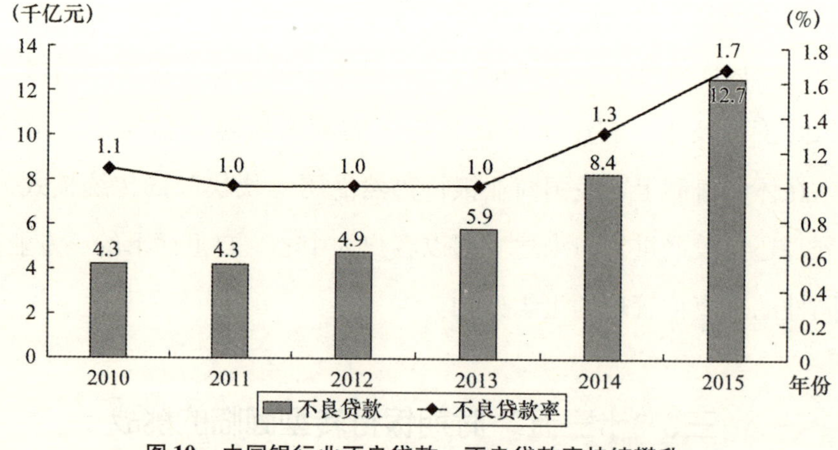

图10　中国银行业不良贷款、不良贷款率持续攀升

资料来源：银监会数据。

① 根据中国银行预测，“十三五”时期我国银行业信贷平均增速将由过去10年的平均18%下降到10%左右。

二是伴随宏观政策的改变、产业结构的优化调整以及对房地产行业实施调控等，商业银行需要调整自身经营战略、客户定位和贷款结构。

三是在“大众创业、万众创新”战略引领下，高科技企业和传统企业中的创新板块正在成为拉动经济增长的重要引擎，并将成为未来银行的主要客户和服务对象，但其商业模式、金融需求、风险形态方面与传统主体有着显著差异，轻资产、快周转的运作特质与传统贷款业务重抵押、期限固定的特征存在着冲突，从而对银行业务运作和资产负债管理提出新要求。

（二）金融去杠杆过程中货币政策和监管政策收紧带来的挑战

“十二五”以来，伴随我国银行业规模的快速扩张，新兴金融工具、金融产品和金融业态日益丰富，金融业的影子银行不断扩大。同时，部分金融机构借短贷长，在金融市场不断加杠杆，导致金融业杠杆率快速上升。虽然没有十分确切的数据显示我国金融杠杆率状况和风险程度，但相关迹象表明金融业杠杆率上升很快，隐含的风险较非金融企业更大。这一问题引起了最高领导层的高度重视。习总书记在2016年中央经济工作会议上明确指出，明年要把防控金融风险放到更加重要的位置上。坚决管住货币总量，摸清风险隐患，着力防控资产泡沫。金融企业要回归本源，改变不顾风险片面追求规模和利润的倾向，专注主业，提升服务实体经济质量和水平。金融主管部门要承担责任、勇于担当，加强监管协调，确保不发生系统性风险。

在中央的集中统一布置下，从2016年第四季度开始，我国货币政策逐步收紧。2017年3月美联储加息后，央行同业拆借利率同步提升10个基点。以2017年3月底周小川行长博鳌论坛讲话为标志，宽松货币政策的周期已经终结，未来在美国启动逐步加息通道的背景下，我国货币政策收紧走向稳健中性是大概率事件。

与此同时，银行监管政策也已收紧。进入2017年，央行推出升级版宏观审慎评估体系（MPA），将表外理财纳入广义信贷。2017年3月郭树清主席上任以来，银监会先后发出7份监管政策文件，部署开展了三违反（违法、违规、违章）、三套利（监管套利、空转套利、关联套利）、四不当（不当创新、不当交易、不当激励、不当收费）等一系列检查（表1）。

表1　　近期银监会监管政策一览表

发布日期	文　号	文件名称	办文单位	监管形式
3月23日	银监办发〔2017〕43号文	银监会办公厅关于开展商业银行“两会一层”风险责任落实情况专项检查和通知（注：指董事会、监事会、高管层）	审慎规制局	机构自查+银监检查
3月28日	银监办发〔2017〕45号文	银监会办公厅关于开展银行业“违法、违规、违章”行为专项治理工作的通知（简称“三违反”）	现场检查局公司治理处	机构自查+银监检查
3月28日	银监办发〔2017〕46号文	银监会办公厅关于开展银行业“监管套利、空转套利、关联套利”专项治理工作的通知（简称“三套利”）	现场检查局资管处	机构自查+银监检查
3月30日	银监办发〔2017〕47号文	银监会办公厅关于开展销售专区“双录”实施情况专项评估检查的通知	消费者权益保护局	
4月6日	银监办发〔2017〕53号文	银监会办公厅关于开展银行业“不当创新”“不当交易”“不当激励”“不当收费”专项治理工作的通知（简称“四不当”）	创新部	机构自查+银监检查

续表

发布日期	文　号	文件名称	办文单位	监管形式
4月6日	银监办发〔2017〕52号文	银监会办公厅关于进一步排查企业互联互保贷款风险隐患的通知		
4月7日	银监办发〔2017〕4号文	银监会关于提升银行业服务实体经济质效的指导意见	政府研究局	纲领性文件，不涉及具体监管
4月7日	银监办发〔2017〕5号文	银监会关于集中开展银行业乱象整治工作的通知	现场检查局	机构自查+银监检查
4月10日	银监办发〔2017〕6号文	银监会关于银行业风险防控工作的指导意见	审慎规制局	不需自查
4月10日	银监办发〔2017〕7号文	银监会关于切实弥补监管短板提升监管效能的通知	审慎规制局	不需自查

监管处罚力度也明显加大。2017年第一季度，银监会系统做出行政处罚485件，罚没金额合计1.9亿元；处罚责任人员197名，其中，取消19人的高管任职资格，禁止11人从事银行业工作。2017年3月29日，银监会机关针对票据违规操作、掩盖不良、规避监管、乱收费用、滥用通道、违背国家宏观调控政策等市场乱象，做出了25件行政处罚决定，罚款金额合计4290万元。本次处罚共惩处了17家银行业机构。

（三）金融科技快速发展，客户行为改变挑战银行传统服务模式

伴随移动端服务的迅速兴起，银行客户行为正加速由线下向线上转移。随着互联网的发展以及智能移动终端的普及，客户行为由线下逐渐转移到线上，利用数字化渠道获取金融服务已经成为主流。根据

麦肯锡的一份市场调研显示，有83%的消费者希望出门不必带钱包。2015年，全球移动支付交易量超过4000亿美元，较2013年增长了2倍以上。在美国，以数字方式进行现金或支票付款比例，两年内增长了5倍。全球数字渠道同比增长5%～10%，领先的数字银行2015年客户渗透率已经达到92%，即92%的客户已转为通过数字化渠道办理银行业务。其中手机银行渗透率为61%，网上银行渗透率大于80%（图11）。

客户行为变化，2015	
全球移动支付交易量	4000亿美元以上（2年内>2倍）
全球数字渠道同比增长（绝对增长）	5%~10%
希望出门不用带钱包的消费者比例	83%
在美国以数字方式进行现金或支票存款比例	2年内增长5倍

领先数字银行渗透率指标，2015	
使用数字银行的消费者比例	92%
使用手机银行的消费者比例	61%（2011年仅为19%）
网上银行渗透率	>80%
愿意以数字方式购买的消费者比例对比实际购买行为比例	意向85% 对比实际35%
通过数字渠道完成的产品销售比例	35%

图11　利用数字化渠道获得金融服务成为主流

资料来源：麦肯锡咨询，“中国银行业的明天在哪里——双轨战略”，2016年11月。

与此同时，大量颠覆式技术创新给银行业满足客户不断变化的新需求带来了重大转型机遇。大数据、云技术、区块链和人工智能、物联网等新技术的成熟，有力地推动着银行提升数字化业务能力和客户体验。新技术孕育了金融服务的民主化，推动金融科技公司迅速崛起。而银行也同样可以轻易获得或者发展类似的技术，强化自身的数字化能力。如区块链技术，其去中介化的属性可以帮助银行推动底层技术的革新，实现高速的资产认证与转移，一改交易高成本、慢时效、体验差的传统作业模式。银行借助大数据与高级分析，可以精准判断客户需求类型，提高销售、服务效率，深挖客户价值。利用云技术，可以为银行提供更低成本、高效率的财务和运营管理支持（图12）。

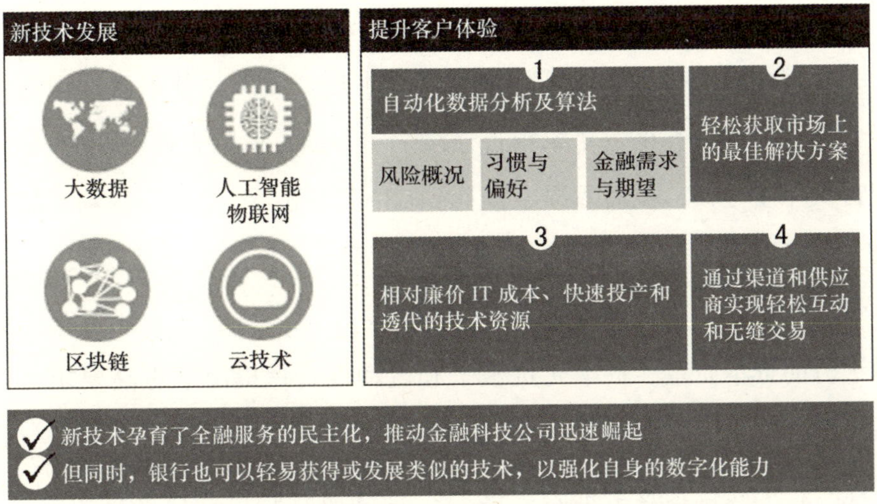

图12　新技术成熟助推银行提升数字化服务能力和提升客户体验

资料来源：麦肯锡咨询（2016）。

放眼国际，领先银行都已积极开始新一代技术布局。麦肯锡的一份国际银行业调研数据显示，领先银行将税前利润的17%～20%投入颠覆式新技术的布局，支持大规模的数字化转型。银行通过自建、并购或者投资合作，获取最新的科技洞见，掌握最尖端的科技应用。具体做法包括：建立金融科技基金，投资区块链、大数据、比特币、云平台、P2P、移动支付、线上贷款、智能投顾等金融科技公司，建立内部的创新中心，投入新技术的研发和孵化①。

① 以区块链为例，全球40多家领军的金融机构已加入R3区块链联盟，共同探索未来区块链的潜在应用模式及标准。包括巴克莱银行、BMO金融集团、瑞士信贷银行、澳联邦银行、汇丰银行、法国外贸银行、苏格兰皇家银行、道明银行、瑞士联合银行、意大利联合信贷银行、富国银行等世界级银行。2016年5月，随着第一家中国的机构——平安集团的加入，R3联盟全球成员数达到44个。

四、银行转型国际经验借鉴

（一）危机后国际大型银行转型的做法

全球金融危机爆发以来，全球需求不振，经济复苏艰难，银行业经营压力增大。苏格兰皇家银行连续7年亏损；德意志银行2015年出现首次年度亏损，税后亏损金额达到68亿欧元；渣打银行盈利不断下降，2015年税后亏损22亿美元。伴随国际金融监管改革深入推进，监管标准不断提高。巴塞尔委员会、金融稳定理事会等国际组织先后对银行的资本质量、资本充足水平和流动性管理提出了更高要求，包括要求全球系统重要性银行保持更强的损失吸收能力，制订恢复与处置计划，提高自我救助能力。同时，合规监管趋严，违规成本加大。为促进市场公平交易，维护消费者权益，各国监管当局提高了反垄断、反欺诈、反洗钱、反逃税等合规经营要求，对违规银行实施严厉处罚。2012~2015年，法国巴黎银行、花旗银行、摩根大通银行、美国银行、苏格兰皇家银行、劳埃德银行、瑞士银行、荷兰银行、巴克莱银行和德意志银行因操纵伦敦同业拆借利率、违规开展业务，被英美监管当局处以总计219亿美元的罚款，其中法国巴黎银行的处罚金额高达90亿美元。在上述背景下，国际大型银行因时而动，再次通过推进转型力求尽快走出困境，具体做法包括如下六方面。

1. 调整经营战略

危机后，国际大型银行迫于股东和监管压力，反思和重构经营战略，从全面拓展回归到专注核心业务、核心领域和核心地区，同时加强信息科技建设。汇丰集团的新战略是：优化全球布局，降低复杂性，出售土耳其和巴西业务，重塑墨西哥业务；实施全球统一的防范金融犯罪管理标准，使之成为汇丰集团的竞争优势；聚焦亚洲，优先考虑在中国珠三角和东盟地区拓展业务；保持人民币业务的领先地位。苏格兰皇家银行决定重点服务欧洲市场，退出包括中国大陆、中国香港、韩国、澳大利亚等在内的25个国家和地区。渣打集团的新战略是：精简组织架构，提高决策效率；加强内部管控，提高行为规范标准；发展具有业务优势的领域，退出缺乏竞争力的领域；增强资本实力，实现长期发展。德意志银行提出“2020发展战略”：建设更加安全、简单、高效、合规的新银行；剥离德国邮政银行，出售华夏银行股份，3年内退出10个国家，5年内在本国关闭200家分行，在全球裁员1.5万人。花旗集团为化解不良资产，提高资本充足率，将集团拆分为“花旗银行”和“花旗控股”，前者保留优质资产，并提出了与全球化、城市化和数字化共同发展的新策略，后者接收不良资产并逐步剥离。荷兰安智金融集团2009年将保险业务剥离，2015年退出美国业务，在过去6年里共完成了超过50项资产剥离交易。

2. 完善公司治理

国际大型银行加强了公司治理，强化董事会作用，简化业务条线和组织架构。

一是优化董事会组成结构，增加非执行董事数量，加强对执行董事的约束。美国银行新引入6名非执行董事，强化对公司治理有效性的评估。花旗银行新引入3名非执行董事，加强内部监督。

二是优化专业委员会，加强管理。汇丰集团增设了防范金融风险委员会，专门负责识别和防控集团内金融犯罪和操作风险事件。荷兰安智金融集团将薪酬与提名委员会进行分设，新设了专门的风险委员会。花旗银行增设了审查委员会，加强对管理层决策执行情况的监督。

三是优化组织架构，提高治理水平。汇丰集团从2011年开始，将集团组织架构整合为4项全球业务、5个经营区域和11个管理条线。渣打集团2015年宣布，将此前全球产品、客户和地区交错复杂的组织架构简化为3个业务条线和4个经营地区。

3. 降低风险和成本

为提高资本充足率，满足系统重要性银行监管要求以及提升股东回报，国际大型银行采取出售、分拆或转移等方式削减风险加权资产，降低杠杆；通过裁员、整合网络、提升技术应用水平等措施降低运营成本。苏格兰皇家银行收缩业务规模，2015年年底前将风险加权资产减少到3000亿英镑以下。汇丰集团出售和关停了63项非核心风险业务，降低风险加权资产950亿美元，人员总数从2011年的29.8万人减少到2014年的26.3万人，累计节约成本超过57亿美元。渣打集团重组了超过1000亿美元资产，退出资本回报率低于10%的市场，裁员约1.5万人，计划在2018年前削减成本29亿美元。瑞士信贷银行、法国巴黎银行、巴克莱银行等机构拟在2016年大幅裁员。

4. 发挥核心优势

金融危机后，国际大型银行深刻反思大幅扩张国际业务付出的代价，认识到专注核心地区和核心业务的重要性，开始从全球布局向重点布局转变，从全面展业回归专注核心业务优势，从注重产品发展向更加注重客户服务质量转变，提升核心竞争力。

一是合理选择目标市场。汇丰集团以服务全球贸易为战略目标，将服务范围限定在国际贸易往来密切的21个国家和地区；看好中国长期发展潜力，制定了专门的战略规划，将珠三角地区作为亚洲发展的战略支点之一。花旗银行将为全球城市化进程提供消费金融服务确定为战略重点，将服务重心放在拉美、亚太等新兴市场的大中型城市。西班牙桑坦德银行将拉美、南欧地区及英美两国作为业务重点区域。

二是专注主营特色业务。以零售业务为主的富国银行，2008 年通过收购美联银行进一步强化了零售业务，成为美国最大的零售银行之一。瑞士银行战略重组后，专注于发展私人银行和财富管理业务，已占有全球财富管理市场超过 1/4 的市场份额。

5. 积极推进数字化发展，提升经营管理效率

金融危机以来，面临巨大成本削减压力的国际银行业普遍将新一代信息技术的应用作为经营管理模式转型的重要突破口，银行经营管理的数字化成为一场席卷全球的热潮。越来越多的银行正在打造传统物理网点与新兴电子银行渠道相融合的多渠道协同体系。借助先进的客户关系管理系统和业务管理系统，银行可以实现不同渠道间客户和业务信息的共享与即时传送。通过业务流程的重组优化，客户办理业务的全流程可以实现跨渠道的无缝衔接，将物理网点在便于深入沟通交流和个性化服务方面的优势与电子渠道低成本、高效率、不受时空限制的特点相结合，实现银行营销服务模式的跨越式变革。

例如，花旗集团制定信息化发展战略，致力于成为全球信息化银行的领跑者。该行紧紧抓住客户对于数字化服务方式的偏好趋势，大规模增加对数字化金融服务技术的投资，在全球 30 多个国家和地区建立起高效的移动银行业务平台，全力打造包括多功能旗舰网点、传统网点、自助服务亭、多功能 ATM 机和各类电子银行渠道共同组成了一个综合化服务网络体系。花旗集团还致力于将其遍布全球的营业设施与最先进的信息科技相结合，为跨国公司客户提供一站式解决方案。该行推出的“花旗移动直通车”（Citi Direct Be Mobile）产品使企业可以在任何地点完成移动支付。这一平台目前在 90 个国家和地区运行，使用 16 种语言，而且与超过 50 种设备兼容。根据花旗统计，使用“花旗移动直通车”的公司客户支付金额流量的增长是所有企业客户平均支付金额增长率的3倍。

6. 再造银行经营文化

金融危机以来，随着各国对金融机构在危机前后违法违规经营调查的逐步深入，包括严重的金融产品不当销售、为洗钱活动提供便利、LIBOR操纵等在内的金融丑闻接踵而至。众多国际知名银行不仅深陷持续的监管惩罚和司法诉讼泥潭，而且背负着巨大的信誉债，许多银行百年经营所积淀的品牌形象毁于一旦，给经营业绩的复苏带来沉重压力。吸取以往教训，危机以来国际主要银行都对过度注重短期收益而忽视客户利益、内部管理和控制松懈的问题进行了深刻反思。加之各国监管部门普遍加大了对银行合规经营和客户权益维护方面的监督处罚力度，严格内控管理、重塑企业文化成为全行业的普遍选择。

（二）启示与借鉴

1. 银行转型需要合适的外部条件

从历史来看，银行转型从来就少有主动的案例。只有在外部环境变化到“不转型就无法生存”的情况下，银行高层才会真正有动力推动转型。中国台湾推行金融自由化以后，市场准入管制、价格管制、业务管制均被放开，银行竞争压力急剧加大，传统经营模式已经难以为继，由此推动银行进入转型阶段。

2. 须提前准备应对银行转型过程中出现的风险

众多国家和地区的经验教训表明，在金融市场化过程中，不可忽视风险因素。例如美国利率市场化过程中由于未能妥善处理住房金融机构，导致大量储贷协会倒闭；日本对中小金融机构实施的过度保护，成为贷款快速上升、楼市股市泡沫的重要因素。从中国台湾的情况看，受金融监管未能与金融自由化同步、银行过度竞争、政治力量干预等因素影响，关联交易盛行，银行内控机制薄弱，不良率急剧攀升。以致在1995年前后爆发中小金融机构挤兑危机、2000～2001年银行全行业经营业绩恶化、2005～2006年爆发信用卡危机。这些危机对台湾金融市场和业界带来巨大冲击，影响了金融稳定。台湾当局被迫紧急推出金融改革，建立健全存款保险机制、市场退出机制，并支持银行积极核销坏账和提高拨备覆盖率，设置金融重建基金加快问题金融机构的重整等。当前，中国大陆金融市场化程度大体处于中国台湾20世纪90年代初期的水平，面对可能出现的金融风险，有必要参考台湾的成功经验，尽早加以准备。

3. 摒弃资本消耗型发展路径，谋求做优做强

金融危机催生了国际金融监管理念和措施的重大变革。更严格的资本监管政策将对银行资产规模和杠杆率的增长能力构成持续的约束，保持合理的银行规模，已经成为监管者和银行未来共同关注的焦点。对于中国商业银行，特别是已经建立一定的国际化经营基础的大型商业银行而言，从长远发展考虑，需要将更多的资源和经历投入到提升综合服务能力、提高经营效率、打造核心竞争力上来，由做大转而谋求做强。从业务类别看，可以注重发展轻资本的低风险业务和表外业务，如投资咨询、个性化理财等服务，推动银行经营模式转型。

4. 力求发挥各项业务的协同效应

在综合化经营模式下，充分发挥不同产品和业务间的协同增效作用，是商业银行提升经营效率的重要途径。以瑞银集团为例，其将协同效应最大化列为主要战略目标之一，建立独特的一体化业务模式，利用机构资产管理与私人银行、投资银行业务之间的协同效应，加强各业务部门之间的互动，挖掘更多业务机会，实现客户价值最大化。瑞银集团对协同效应的挖掘不仅体现在业务与收入方面，还包括成本、技术、后勤、业务流程等，均实现充分共享。

5. 转型全过程应全面贯彻"以客户为中心"的经营管理理念

对商业银行而言，市场竞争的核心就在于谁能最终赢得客户。因此，"以客户为中心、以市场为导向"是银行转型发展必须遵循的一项基本原则，具体应体现在组织架构、业务流程、产品设计、渠道建设及服务过程等各个领域和环节。

6. 金融科技时代必须高度重视信息技术应用

信息技术的快速发展与金融科技、互联网金融的崛起对商业银行传统的经营模式、盈利模式与服务模式已经并将继续产生深远的影响。当前，各类商业银行无不将信息化建设提升到转型发展至关重要的位置。除加强电话银行、网上银行、手机银行等电子渠道建设和内部信息系统整合外，还通过业务外包和战略联盟等途径，加快对新技术的应用，促进信息技术与银行业的深度融合。

五、"十三五"时期我国商业银行转型的指导思想、原则和方向

（一）指导思想

十八届五中全会确立了"创新、协调、绿色、开放、共享"五大发展理念，既是"十三五"乃至更长时期引领、指导、推动包括银行业在内的国民经济各行业向更高层次转型发展的总体纲领，也是我国银行业转型升级、提升服务实体经济质效的根本指导思想。具体而言，创新发展作为第一生产力，是银行转型最重要的动力源；协调发展可通过统筹经营能力，有效增强银行转型的持续性；绿色发展可通过提高经营质量和效益，持续提升银行转型价值；开放发展可通过拓展发

展空间，有效扩大银行转型广度；共享发展可通过扩宽金融服务覆盖面，持续增强银行转型深度。商业银行应全面践行五大发展理念，在转型发展中持续提高服务实体经济的能力。

（二）基本原则

一是坚持服务实体经济原则。商业银行转型发展应当与我国经济发展方式转变和结构调整相适应，始终围绕实体经济发展要求，加快产品和服务创新，拓宽服务实体经济的渠道和领域，不断改进和强化服务实体经济能力。

二是坚持差异化发展原则。商业银行转型发展应当立足于差异化、特色化、专业化的发展战略，明确符合自身比较优势的市场定位，深耕细分领域，聚焦目标客户，不断提升核心竞争力。要避免“千军万马挤一座独木桥”。

三是坚持商业可持续原则。商业银行转型发展应当遵循市场规律，根据市场需求确定经营战略和效益目标，注重成本约束和风险管控，确保收益覆盖成本和风险，在业务模式、管理流程和绩效考核等方面建立可持续发展的长效机制。

四是坚持金融创新与风险管控并重原则。商业银行转型发展应当始终注重金融创新与风险管控的有效平衡。一方面，应积极推进金融创新，拓展金融服务领域，提升金融服务质量，持续满足多元化金融需求；另一方面，应不断完善金融创新产品和服务的内部风险管控机制，充分识别、评估并有效管控新业务所面临的各类风险，加强投资者适当性管理，切实保护金融消费者的合法权益。

五是坚持协调性原则。银行发展方式、业务模式、经营理念、管理手段等都要协调积极转变，转型才能真正完成。

六是坚持渐进性原则。这是由转型的长期性和艰巨性所决定的，转型必须逐步渐进、审慎推进。

（三）银行转型的方向

对微观主体而言，商业银行转型的目标是维持业绩高增长，实现可持续的盈利模式。在当前金融与实体经济已经严重失衡并造成要素“脱实向虚”的背景下，如果对此不加以必要的引导，可能进一步加剧失衡。

要站在经济金融协调发展的高度，及时校正银行业转型的方向，将银行转型与振兴实体经济结合起来，将推动金融与实体经济再平衡作为重要出发点，在有效控制风险的前提下提升金融服务实体经济的效率。

为此，应当鼓励回归本源、专注主业、下沉重心，推进金融与实体经济再平衡的转型方向，即使这会在短期内对银行经营指标造成不利影响；应当限制短期有利于银行而无助于恢复金融与实体经济再平衡的转型方向。

在及时校正转型方向的基础上，我国银行业应着力推进包括发展理念、战略定位、业务结构、发展方式、经营模式、组织架构、体制机制在内的一系列系统的转型和创新（见表2）。

表2　　　　我国银行转型内容

要　素	当前状态	“十三五”时期的转型方向
发展理念	拼规模、抢速度	创新型、内涵式、共享型
转型定位	同质化	差异化
功能定位	单一融资中介	综合金融服务商
发展模式	倚重息差、资本高消耗	多元化、适度“表外化”、轻资本

续表

要 素	当前状态	“十三五”时期的转型方向
经营范围	银行业务、本土业务为主	跨境、跨业、跨市场
互联网金融	技术应用	理念、模式、机制全面创新
内部管理	简单粗放、缺乏协同	精细化、专业化、协同化

1. 发展理念从拼规模、抢速度向创新型、内涵式、共享型发展转变

为应对诸多挑战，破解发展难题，商业银行要切实转变发展理念，摒弃以往规模为王、速度制胜的经营理念，秉持“行稳致远、稳健发展”的观念，树立创新驱动、市场导向、内涵发展、协调运作、成果共享的发展理念。创新是引领发展的第一动力，要切实打造创新文化，全面优化各项机制，理顺责权利关系。以客户为中心、以市场为导向是改革转型的内在要求，要尊重市场规律、主动适应市场变化，让市场化手段在内部资源配置中发挥决定性作用。内涵式发展是银行基业长青的必由之路，应追求低资本消耗、低成本扩张，追求纳入风险因素后的长期效益最大化。协调是提升改革转型效率的内在要求，要打破客户、产品、数据、信息、流程、资源的“部门所有制”，提升战略连接度和集团层面协同效应。成果共享是改革转型的落脚点和出发点，必须完善制度安排，平衡员工、客户、股东等利益相关者之间的关系。

2. 发展方式从同质化转向差异化

要打造“十三五”规划所要求的广覆盖、多层次、有差异的银行机构体系，就必须借鉴国外商业银行转型发展的成功经验，结合我国银行业自身特点，从市场定位、商业模式、产品创新、金融服务等方面入手，采取适合自身特点的差异化发展策略，巩固和强化核心竞争力，在转型过程中赢得主动权，避免新一轮的“同质化经营”，特别是避免转型同质化。

大型银行应以“优化结构、全面发展，综合经营”作为发展方向，全面协调发展各类客户和各项业务，持续不断优化结构，努力打造经营特色。在控制风险的基础上，稳步向综合化经营的多元化银行迈进，逐步走国际化道路。应注意，综合经营需要巨大的投入，且见效慢。要高度重视综合化经营对风险管理的挑战，切实加强对资产负债表风险传染、声誉风险传染、关联交易风险、内部交易风险、资本重复计算风险等的管控，审慎推进有关综合经营试点。在国际化方面，银行应充分考虑自身特点和国际化可能面临的风险，制定合适的国际化战略，并着重加强对跨境风险的监测和管理。需要强调的是，在全面协调发展各类业务和推进综合化经营的框架下，大型银行同样可以依托特色业务、打造差异化的竞争优势。从国际上看，即使是美国银行、汇丰银行、渣打银行这样的国际大型银行也表现出明显的经营差异化。美国银行的本土零售业务是其强项，汇丰银行一直坚持多元化的发展战略，渣打银行则以新兴市场为重点业务发展区域。我国大型银行同样可以结合自身的优势和特点，在某些行业、区域或业务领域形成独特的竞争优势，通过特色化经营打破一味求多求全的“鼯鼠情结”。

以全国性股份制银行和大型城商行为代表的中型银行则应“服务中小、专业拓展，打造特色”，走与自身经营特色、业务优势相匹配的专业化发展道路，不求“做大、做全”，注重“做精、做细”，审慎推进综合化、国际化经营。打造以中小客户为主的“橄榄形”客户结构，提高对单一客户的“钱包份额”。由于专业化经营耗时长、不会很快见效，需要银行从战略定位、人才和系统上做充分准备，做好长时间积累的准备。

中小型城商行、农商行等小型银行则应“聚焦小微，立足社区、本地发展”，在找准自身定位的基础上，夯实客户基础、稳定核心负债，提供快捷灵活、特色化的金融服务。

3. 功能定位从单一融资中介向综合金融服务商转变

“十三五”时期，随着客户需求的多元化，财富意识的增强和移动互联网技术的进一步发展，银行将不再仅仅是投融资转换的信用中介，而是资源的整合者、风险的匹配者和财富的管理者。银行需要积极拓宽金融服务视野，丰富金融服务模式，“跳出银行办银行”，将服务视角从经营单一客户拓展至全产业链的客户群，将服务理念从简单地提供产品拓展至帮助客户建立生态圈并维护其良好运作，将服务范围从单一银行产品拓展至涵盖银行、证券、保险等多资产组合，将产品从简单的存、贷、汇拓展至包括结算、贷款、托管、咨询等在内的“一揽子”综合金融解决方案，将服务方式从银行渠道为主向银行与证券、保险、信托等非银行金融机构深度合作、交叉竞合、协同服务转变。

4. 发展模式从过于倚重息差、过快资本消耗，向多元化、“表外化”、轻资本转变

在利率市场化改革总体上完成，净息差中长期趋势性收窄，资本补充压力加大的背景下，商业银行要不断加大资产结构、负债结构以及表内外业务结构的调整力度，努力打造“轻型银行”，改变传统以利息收入为主、高资本消耗的业务模式。

在资产结构上，同业资产、债券投资等非信贷资产是近期的发展重点，规模扩张较快，未来非信贷资产占比将从目前的50%左右提高到五年后的70%左右，部分银行可能超过70%。

在负债结构上，银行将更加重视同业负债、大额存单、债券发行等主动负债业务的发展，未来存款占比可能从目前的70%以上逐步下降到五年后的50%左右，非存款负债占比呈“半壁江山”。

表外业务规模扩张是未来商业银行业务结构最引人注目的变化，投资银行、资产托管、财富管理、现金管理、交易型银行（以代客为主）等表外业务将呈快速发展之势。部分银行表外资产规模将达到甚至超过表内资产规模，“表外再造一家银行”可能成为现实。

5. 经营范围转型：从以商业银行业务和本土业务为主向更加注重跨境、跨业、跨市场经营转变

“十三五”时期将是有条件的中资银行加快国际化、综合化发展、改变过去以商业银行业务和境内本土业务为主的重要时期。在人民币入篮的背景下，围绕“一带一路”等国家战略和自身全球化经营的需要，中资银行特别是大型银行将在主要国际金融中心、人民币离岸中心、“一带一路”沿线国家进一步加快机构布局。中资银行海外分（子）行将以服务境外中资企业和当地本土客户并重，不断提高自身经营水平、扩展业务规模。大力开展包括贸易融资、支付结算、跨境投融资、跨境财富管理、跨境现金管理、跨境交易型业务等新老业务并重、本外币并重的跨境金融业务。在综合化方面，在监管规范的前提下，将会有更多的大中型银行加快在证券、保险、基金、期货、信托等非银行金融领域布局，实施集团化运作、全牌照运营、跨市场发展，在客户信息、信息系统、产品组合、营销拓展等方面互利共享、协同发展。

6. 金融科技从技术应用走向理念、模式、机制全面创新

商业银行发展金融科技将不再是仅仅运用互联网技术对现有产品进行改造，而是自觉运用互联网思维，进一步深度融合互联网，创新理念、模式、机制，深度融入移动互联时代，升级再造传统业务和发展新兴互联网金融业务并重，打造符合自身特点的互联网金融模式。

一方面，领会并运用以开放、互动、零距离、场景为王、体验至上等为主要特征的互联网新思维，利用互联网技术对现有产品和服务进行整合改造升级，打造线上线下一体化、互补协同、双轮驱动的无缝式、全渠道服务体系，建立基于移动互联的互动式、场景化、特色化获客平台。另一方面，通过“事业部＋互联网金融子公司”全新模式，通过服务目前传统商业银行服务不好、服务不了与服务不到的客群，汲取行外客户资源，拓展新的利润增长点，积极打造与线下母行齐头并进，客户、业务互补的网上“第二银行”。

7. 内部管理转型：从简单粗放、缺乏协同向精细化、专业化、协同化转变

如果缺乏强有力的内部管理支持，商业银行转型将难以获得持续稳健的成果。在经济下行、风险暴露、改革推进、竞争加剧的全新经营环境下，银行将更加注重提升内部运营管理的集约化、精细化、专业化能力。

一是要强化“以利润为中心”的经营理念，摒弃“规模即效益”的经营理念。要着重加强整体资产负债管理能力，完善资产负债调控管理机制，积极学习国外先进商业银行的管理方法，提升定价管理水平。

二是建立以 RAROC 为导向，并有助于优化信贷资源配置和业务转型的授信机制，积极发展新产品、新业务，切实推进小微企业信贷业务。

三是优化资源配置模式，提高资源使用效率，加强成本管理，推进降本增效。绩效考核要突出效益优先的原则。

四是着力提升风险量化和管理水平，加强流动性和利率风险管理。

五是真正建立以客户为中心，从总行到分行自上而下的，专业化、协同性的垂直型管理组织架构，切实加强条线化管理。深化事业部制改革，形成适合自身情况的架构流程和改革路径，完善配套的资金定价、双边记账、收入分成、绩效考核机制，提升专业化、集约化、市场化的经营管理能力。

六是不断加强信息化建设，夯实业务转型的信息系统基础，努力打造智能化银行。

七是探索 AUM（资产管理规模）体系的有效应用，探索建设以 AUM 为基础的客户发展体系、资源配置体系和绩效管理体系，逐步替代以存贷款为基础的传统模式，为建设综合型财富管理机构提供科学标准。

六、政策建议

（一）积极推进银行内部转型

1. 完善公司治理

一是协调好党管干部与公司治理的关系。

首先，在党管干部的工作范围上实现由微观到宏观的转变。应本着"党委只管大事，只管政治方向问题和重大原则问题"的原则，将党管干部的工作重点放在宏观管理上，实现从以个人为对象的、具体的、事务性的传统微观管理向宏观管理的转变。

其次，改进和完善党管干部的方式和程序。着力解决所有者缺位问题，保证所有者在位，以产权关系为纽带确立党管干部的主体，按照谁出资、谁派人、谁控股、谁管理的原则，把党管干部原则同出资者选择管理者结合起来。

最后，逐步运用市场机制配置专业人士。目前，商业银行经营管理者主要由组织部门或主管部门直接任命，这一做法已沿袭多年，导致商业银行经营管理者更加偏向“政治型”而非“市场型”，“官员化”趋向明显，导致银行业职业经理人市场发展受到制约。随着市场化改革的深入推进，经营管理者的选任应逐步由上级任命向市场配置方式等多种方式结合进行转变，赋予董事会人事权，主要由董事会通过人才市场选聘经营管理者。

二是要加强银行主要股东行为监管。

一方面，使国有股东成为一般意义上的股东，实现由资产管理到资本管理的转变。无论参股、控股，中央及地方政府都要以股东身份按市场原则行事，遵守市场纪律，按现代公司制度参与治理。最大限度地减少政府的内置干预，转变商业银行行为基础，使其成为真正的市场主体。

另一方面，防范主要股东操纵银行过度单纯追求利润与股东回报、损害银行及中小股东合法权益的行为。在经济下行期，引导银行主要股东适当降低回报预期，既为及时确认和释放风险营造正向激励环境，也有助于从源头上缓解银行做大规模、冲高利润的压力。当前形势下，银行业主动向实体经济让利，实际上也是防范自身风险、巩固拓展发展基础、实现金融与实体经济再平衡的重要措施，而主要股东降低业绩要求为银行让利实体经济提供了必要的空间。

2. 确立差异化发展转型战略

发展转型战略是商业银行发展转型的灵魂。银行业应根据自身的资源禀赋、市场环境和风险管控能力等，确定差异化的发展战略。

一般沿两条主线展开。第一条主线是定位于金融服务全价值链的“全能型”，在专业分工基础上构建金融协同体，为客户提供全方位、一揽子综合金融解决方案，最大限度实现规模经济和范围经济。具体路径可包含业务多元式和机构融合式两种。业务多元式是指转型途径为以传统业务为主，向新兴业务渗透并全面拓展，各项业务平衡协调发展。机构融合式是指转型途径为通过外部资本并购或战略合作迅速提升新兴业务板块，实现对自身经营业务的补充和升级。

第二条主线是定位于金融服务某一个或几个价值链节点的“聚焦型”，利用有限资源深耕细作培育核心竞争力，为客户提供专业化、精细化金融解决方案，最大限度发挥比较优势。具体也包含功能上行式和服务下沉式两种。功能上行式是指转型途径为放弃部分传统业务，走专业化、精细化服务升级路线，成为某一或几个领域的顶级服务提供商。服务下沉式是指转型途径为专注于传统业务，通过自身或外部业务合作等形式全面满足客户基本需求，成为社区银行、零售银行等。

四种路径相互兼容，不同类型的银行可通过科学组合和动态调整实现发展转型的目标。在我国商业银行转型发展实践中，大型银行总体向全能型银行发展，赢得各主要领域的优势地位；可以综合采用业务多元式和机构融合式，迅速成为产品丰富优质的“大型金融超市”。股份制银行更强调聚焦性，把有限资源投入到成长前景广阔且自身具有相对优势的领域中；更多采用功能上行式，集中优势力量迅速成为选定领域的专业顶级“精品店”。城商行等中小银行要立足本土化、便民化，与区域实体经济和客户协同发展；突出服务下沉，发挥本土亲和力优势，迅速成为身边的金融“便利店”。

3. 盈利模式转型

总体思路是在稳定传统盈利基础的同时，集中力量培育、做大新的盈利增长源，有效应对市场波动和利率市场化的考验。

主要抓手包括三种。

一是非信贷收益，挖掘投资交易和中间业务收入增长能力。对大型银行而言，特别是要推动资产管理、资产服务、投资银行和资本市场连接型四类高附加值业务的量质齐升。

二是专业线收益。利率市场化可能导致传统分支行层面盈利增长普遍承压，而新兴专业线将进入发展的重要机遇期，因此银行内部应加大对利润中心、综合化子公司等专业产品线的扶持与培育力度，提升专业线的盈利创造力。

三是对大型银行和部分全国性股份制银行而言，可以考虑积极扩大境内潜力市场和境外收益来源。境内市场可以重点扶持一批有潜力的三、四线城市分行和重点县域支行，推动其提升竞争力。境外市场方面关键是充分把握国家新一轮对外开放深化的历史机遇，加大对境外机构特别是“一带一路”沿线机构的政策支持与资源投入，推动境内外机构的联动发展。

4. 业务模式转型

总体思路是降低资产负债表对传统信贷业务的依赖。在经济新常态下，宏观经济增速周期性下行、企业去杠杆、居民财富积累和消费结构转型，都意味着信贷业务的增速会放缓，内部风控压力、资本压力和利差收窄的压力也推动银行业务模式转型。因此，银行需要重塑一张“轻资本、低杠杆、快周转、高回报”的资产负债表。

主要抓手包括两种。

一是在有效隔离表内外资产和强化表外资产风险管理的前提下，充分利用表外的腾挪空间，通过资产证券化、资产交易等手段，盘活表内信贷资产。

二是做强做大零售金融、互联网金融、大资管、大投行、综合化等业务板块，尽快培育新的业务增长点。

5. 薪酬机制改革

用好绩效考核机制这个“指挥棒”，针对银行转型中出现的突出问题，围绕专注主业、回归服务实体经济本源实施绩效改革。

一是督促商业银行合理确定发展战略和利润目标，加快建立风险和收益平衡兼顾的绩效考评体系。具体而言，以风险调整资本回报率（RAROC）和经济增加值（EVA）为核心，构建基于风险调整后的业绩考核体系。降低业务规模和发展速度的权重，提高发展战略、风险合规、资本节约、价值创造等指标的权重，增加偏离主业突出效益要求、忽视风险防控突出绩效奖励、忽视违规违纪行为等不恰当行为的扣分项，从源头对短期机会主义行为加以调控。

二是以行稳致远为目标，鼓励银行设定年度考核指标时纳入未来3～5年的周期性因素，提高薪酬延期支付比例，引导银行管理者和员工关注中长期风险，减少对短期利益的追逐。

三是监管部门适时开展不当激励专项治理，逐一检查银行业金融机构绩效考核合规情况，及时整治和纠正各类不合理考核行为。

四是对银行集团而言，完善集团业务评价和考核体系，加强对转型重点前沿领域的考核要求，引导各级机构保持与集团战略发展方向的一致性。

五是实施对不同梯队分支行和网点的差异化考核体系，承认先天条件的差异，调动激发各区域、各经营单位的活力。

六是加大考核结果在对各机构主要负责人业绩评价和资源配置中的应用，切实落实员工绩效考核与员工薪酬激励的挂钩机制，解决考核向经营一线传导的“最后一公里”问题。

（二）实施有利于银行转型的监管政策

1. 开展综合化经营试点

在利率市场化改革加速推进的过程中，越来越多的银行将拓展综合化经营作为实现收入多元化和应对净息差收债等市场化改革冲击的手段。在引导银行业金融机构回归本源的同时，监管部门应进一步督促其专注主业。对综合经营试点，坚持全面考虑、审慎推进，优先支持公司治理“形神兼备”、风险管控能力强、经营长期稳健的机构先行试点探索。在试点过程中，一是通过设立子公司等模式建好风险隔离墙，提足拨备，强化并表管理，有效应对综合化经营带来的风险管理复杂性迅速提升的挑战。二是考虑到当前银行控股公司模式存在的弊端，支持银行开展纯粹金融股控股公司模式试点，以克服现有模式下存在的激励机制、经营文化冲突等方面存在的内在矛盾。三是进一步支持“投贷联动”等经营模式，探索在一定限额和期限内，允许银行持有股权、从事创投和产业基金管理等，减少单一信贷业务下的信息不对称成本，实现风险和收益匹配。四是适时开展银行综合化试点的评估考核，既关注单家银行子公司的风险状况、对集团收益的贡献以及经营指标同业对标情况，也要关注其中是否蕴含潜在的金融不稳定因素，注意防止加剧金融与实体经济的失衡。

2. 支持银行补充资本

受经济增速放缓、分红水平较高等影响，目前银行业金融机构通过内源融资方式积累资本的能力受到较大影响。建议支持符合条件的银行通过发行优先股、二级资本债等新型资本工具补充资本，允许银行在满足一定条件下将境外附属公司上市，以此降低对总行增资的依赖。

3. 合理调整部分监管要求

一是适度放宽对银行信贷规模管控和投放进度要求，允许银行自行控制投放节奏，最大限度增强银行支持和服务实体经济的能力。二是从制度上保护银行提供金融服务的积极性，在绩效考核、责任认定与追究方面，完善尽职免责等制度要求，减轻风险考核压力。三是综合考虑经济下行期的严峻形势，按照逆周期监管的思路，修改现行商业银行监管指标体系，提高商业银行不良贷款容忍度，降低拨备覆盖率和拨贷比要求，提升银行自身不良消化能力。

4. 放松存款偏离度监管

随着金融深化和产品创新，近年来存款在负债中的占比不断下降。加之2015年贷存比监管指标退出后，商业银行已经大大降低了存款“冲时点”的冲动，存款偏离度监管的必要性已减弱。而为满足存款偏离度达标，银行分支机构出现的“赶存款”等行为扭曲了正常经营，影响了客户服务体验，同时也为商业银行的流动性管理带来巨大压力。鉴于此，建议将存款偏离度从监管指标调整为监测指标。

5. 加强风险监管

根据银行业转型过程中资产负债结构的变化，在传统的信用风险管理之外，应格外关注交叉性金融产品的监管和中小银行的流动性风险监管。

对于交叉性金融产品，首先，进一步完善监管规则，尽快出台《关于规范金融机构资产管理业务的指导意见》，确保对同类业务适用同样的监管标准。其次，实施穿透原则，全面掌握底层基础资产信息和实际风险承担情况，对各类交叉性金融产品和业务，本着实质重于形式的原则，无遗漏地全部纳入全面风险管理体系。再次，加强并表监管，及时采取相应的风险管控措施，防止监管套利，避免风险交叉传染。最后，对于不同类别的交叉性金融产品，在准确计量风险的前提下，足额计提资本和拨备，严格控制风险集中度，确保跨市场跨行业资金流动始终“看得见、管得了、控得住”。

关于中小银行的流动性风险管理，首先要提高应急管理能力。审慎评估债市、汇市、股市波动带来的影响，定期开展流动性压力测试，合理计量和评估未来特殊时点的现金流需求，建立健全应急计划，持续开展压力测试，提前做好备付准备和融资安排。其次要提高负债管理能力。鼓励中小银行拓展资金来源渠道，确保负债总量适度、来源稳定、结构多元、期限匹配。最后要提高行业互助能力。建立健全城商行、农商行流动性互助机制，适时为成员单位提供短期、临时和紧急流动性支持，构建中小银行业金融机构流动性安全网。

6. 优化不良资产处置法律环境

一是加强社会信用体系建设，打击企业逃废债。在司法实践中，对母公司通过转移资产逃废银行债务的行为，应主张股东就损失承担连带责任。

二是协调地方政府和司法部门，进一步强化公开、透明、有序的市场环境，营造良好的营商环境。适时地将逃废银行债务严重的地区列为“金融高风险区”，公布逃废银行债务企业“黑名单”，对逃废银行债务行为进行联合制裁。

三是进一步简化核销程序，减少核销操作成本，促进银行及时化解不良资产。

7. 建立“监管沙盒”机制，在风险可控前提下推进金融科技创新

“监管沙盒”（Regulatory Sandbox）的概念由英国政府于2015年3月率先提出。按照英国金融行为监管局的定义，“监管沙盒”是一个“安全空间”，在这个安全空间内，金融科技企业可以测试其创新的金融产品、服务、商业模式和营销方式，而不用在相关活动碰到问题时立即受到监管规则的约束。“监管沙盒”的主要目的是帮助金融创新在实际的生活场景中进行测试，而这种测试不能对消费者造成损害，且应遵守必要的法律规定。本质上看，“监管沙盒”是监管者为履行其促进金融创新、保护金融消费者职能而制定的一项管理机制。这种机制的特别之处在于，金融机构或为金融服务提供技术支持的非金融机构，可以在真实的场景中测试其创新方案，而不用担心创新与监管规则发生矛盾时，可能遭遇的监管障碍。

当前，金融机构竞争加剧、金融产品创新与迭代加速、金融机构日益国际化、金融产品设计跨界化等，将对监管构成新的挑战，并会扩大金融监管的滞后性，进而容易出现监管缺位、监管失效等。上述背景下，需要金融监管者改变轻“事前”监管、重“事中事后”监管的思维。监管者“具有前瞻性思维”，在一个创新频出的金融时代尤为重要。同时，监管规则也需要在保持稳定性的同时，增加适应性和弹性空间。在创新频出的领域，规则应该有“有效期”。能够根据技术、居民收入、市场变化等，有定期调整的空间。因此，应借鉴英国、新加坡等国经验，尝试建立“监管沙盒”机制，在风险可控前提下推进银行业金融科技创新。

8. 优化激励机制

一是用好绩效考核机制这个“指挥棒”，围绕专注主业、回归服务实体经济本源实施绩效改革。

①督促商业银行合理确定发展战略和利润目标，加快建立风险和收益平衡兼顾的绩效考评体系。具体而言，以风险调整资本回报率（RAROC）和经济增加值（EVA）为核心，构建基于风险调整后的业绩考核体系。降低业务规模和发展速度的权重，提高发展战略、风险合规、资本节约、价值创造等指标的权重，增加偏离主业突出效益要求、忽视风险防控突出绩效奖励、忽视违规违纪行为等不恰当行为的扣分项，从源头对短期机会主义行为加以调控。

②以行稳致远为目标，鼓励银行设定年度考核指标时纳入未来3至5年的周期性因素，提高薪酬延期支付比例，引导银行管理者和员工关注中长期风险，较少对短期利益的追逐。

③监管部门适时开展不当激励专项治理，逐一检查银行业金融机构绩效考核合规情况，及时整治和纠正各类不合理考核行为。

二是进一步鼓励加快混改，指导推动员工持股。员工持股计划是完善公司治理结构，增强员工劳动积极性和企业凝聚力，实现员工与股东利益高度一致的有力工具。通过员工持股，使员工成为股东，全体员工共担风险、共享成果，不仅可以增强员工的主人公意识，也有助于留住骨干人才，促进银行健康持续发展。建议监管部门对员工持股计划给予政策上更明确的指导，支持股份制商业银行率先探索员工持股。

（三）推行鼓励银行转型的财税政策

1. 营改增

营改增实施后，银行业税率有所提高，计税收入范围扩大，可抵扣进项税相对有限，从各行实际情况看，税负均有所增加。建议监管部门积极向国家税务总局和财政部反映情况，为银行业争取有利的税务政策环境。具体建议包括五点。

一是建议票据业务增值税按权责发生制交纳（目前是收付实现制）。票据业务的收息特点是提前收取剩余期限全部利息并在持票过程中逐步实现收入，与贷款业务收息方式正好相反，因此应遵循谁持票收息谁交纳增值税的原则。

二是建议将离岸业务视同境外机构开展的业务，不纳入增值税征税范围。

三是建议推动银联相关业务开票方案。银联相关业务是各家银行结算业务的主要组成部分之一，建议推动银联相关业务的开票及抵扣方案，使银行相关手续费支出抵扣予以落实。

四是建议平移原营业税项下银行业的税收优惠，以降低银行业税负，为银行业适度让利实体经济、支持实体经济发展提供必要的回旋余地和更有利支撑。

五是建议统一全国税收征管方式，简化税务申报工作，加快电子增值税发票的推广，以期降低人力成本、提高工作效率和节约社会资源。

2. 减少银行呆账核销会计处理和税务规定的差异，简化税务核销流程

财政部近年已放宽金融企业呆坏账核销标准，一定程度上简化了核销程序，但在实际操作中仍存在认定标准过严、所需资料过于繁杂且难以获取等问题，导致银行大量实际已无法收回的贷款仍不符合核销条件，难以进入核销流程，政策制定层面与政策具体执行层面存在脱节，同时税务和会计的差异造成金融企业资产损失税前扣除实务操作中难度很大。

对此，一是建议扩大银行呆账核销税前列支的范围，减少税收负担，有效推动呆坏账核销工作顺利进行。二是出台抵债资产税费减免、优惠政策，减免银行抵债资产过户税费，促进抵债资产尽快处置。三是调整完善不良资产收益权转让政策。四是适当放宽贷款减免条件。五是进一步下放核销自主权。在银行资产分类准确、拨备提足、内部审核程序规范的前提下，借鉴国外发达国家不良贷款核销经验，由银行制定核销政策，自主核销。同时由财政审计部门加强对银行自主核销行为的事后监督检查力度，并加大处罚标准。

（四）完善金融基础设施

1. 完善金融市场，便利企业多元化融资

加快构建完善多层次的资本市场，在风险可控的前提下适度放开综合经营限制，为企业提供全方位融资服务。完善企业股权、债券融资机制，鼓励PE、VC等场外直接融资，丰富企业债务融资工具。扩大企业债务融资工具投资人范围，允许银行从事公司债等债券承销，帮助企业从交易所市场融资。打通银行间市场和交易所市场，实现不同的投资人群体根据自身风险偏好，在两个市场自由选择认购相应债券或债务融资工具；企业也可根据自身融资规模和成本考虑，灵活选择不同市场发行，由同一主承销机构跨越两个市场提供服务，也有利于降低企业的财务费用和监管沟通成本。

2. 维护信用环境，优化银企互动生态圈

一是完善征信体系，改善信用环境，严厉打击逃废债行为，控制和减少担保圈内个别不良企业对于其他正常经营企业的连带影响，保护银行合法权益。

二是加强担保机构和担保体系建设，加快政策性担保基金成立运作进度。

三是健全债务重组法律制度体系。

四是完善抵押等级体系建设。逐步建立保证、抵押、质押等担保信息全国登记系统，并将其覆盖范围从银行客户逐步拓展到企业相互借贷领域，避免重复抵押，以此抑制过度负债行为。

五是建立和完善庭外重组制度，兼顾各方利益，降低债务谈判协调成本，保障市场经济秩序。

六是强化对地方政府行为的约束，摒弃地方保护主义，积极维护银行合法权益，保护银行金融债权。地方政府自身也要努力改善本地

区金融生态环境。

3. 推动多层次市场退出体系建设

当前，银行转型过程中在理财产品、债券、信托等产品领域“刚性兑付”隐患依旧突出。对此，一是要推动相关产品市场违约处置机制建设，在提高透明度的基础上，进一步明晰不同主体的责任和权利，完善违约等风险事件的处置规范和程序要求，并加强金融消费者保护和公众教育，推动建立“买者自负，卖者有责”的市场秩序。

二是在存款保险制度确立并开始运营的背景下，要加快银行业金融机构市场退出机制建设，尽快出台相关法规，防范道德风险，促进银行有效管理风险，增强金融体系风险抵御能力。为此应细化各类市场参与机构的退出标准，尤其是建立必要的清偿力触发标准和规范的退出程序，强化监管授权并完善接管重组等处置工具，减少因问题恶化而引发更大的冲击影响。

（五）推动有助于银行转型的深层次改革

1. 监管转型

总体来看，“十二五”以来商业银行发展转型给银行业监管工作带来了四大挑战。一是银行业规模过快增长出现“过度金融化”态势，转型过程中的风险隐患增多，需要及时校正转型方向；二是机构转型的多样性与监管政策的统一性之间的矛盾；三是银行市场化经营机制与传统行政家长式监管方式之间的矛盾；四是日益增长的复杂风险与监管相对滞后之间的矛盾。

因此，在及时校正转型方向的基础上，未来银行业监管变革的思路应主要围绕三条主线展开：一是建立有利于机构多样化发展的差别化监管政策体系；二是改进监管方式，建立更市场化的激励相容监管政策机制；三是建立适应风险复杂性的监管机制与政策体系。

（1）校正转型方向

对微观主体而言，商业银行转型的目标是维持业绩高增长，实现可持续的盈利模式。在当前金融与实体经济已经严重失衡并造成要素“脱实向虚”的背景下，如果不对此加以必要的引导可能进一步加剧失衡。要站在经济金融协调发展的高度，及时校正银行业转型的方向，将银行转型与振兴实体经济结合起来，将推动金融与实体经济再平衡作为重要出发点。

为此，应当鼓励回归本源、专注主业、下沉重心，推进金融与实体经济再平衡的转型方向，即使这会在短期内对银行经营指标造成不利影响；不宜鼓励短期有利于银行而无助于恢复金融与实体经济再平衡的转型方向。

衡量银行业转型成功与否，主要看三点。

一是看各类可用资金能否直接高效注入实体经济。作为金融中介服务机构，银行的资金投放没有理由拐弯、绕道，搞不必要的自我循环。

二是实体经济融资成本是否在企业可承受的合理范围内。在商业可持续的前提下，银行业金融机构应考虑经济周期的影响，立足客户需求，以减费让利等方式支持实体经济走出困境，形成共存共生的良性银企关系。

三是看金融服务是否覆盖薄弱环节和贫困地区。鼓励银行借助金融科技等手段，发展智慧型网点，提高金融服务可得性，逐步实现全覆盖。

（2）以差别化监管政策体系引导商业银行差异化发展

一是以《商业银行法》修订为契机，规范市场准入，实行分类持牌制度。从国际银行业监管实践看，规范银行市场准入制度，实行分类持牌已经是成功经验。不同银行业金融机构适用不同准入标准、业务范围和差别化监管要求，更有利于解决当前银行业严重的同质化竞争问题，有利于降低银行业系统性风险。

二是切实改变过于偏重规模和一刀切的监管评价体系，推动建立与不同银行机构业务和风险特征相契合的分类监管指标与评价体系。

对大型银行，应以防范系统性风险为目标，保持监管政策的连续性和稳定性，降低大型银行转型期的监管压力，引导其加大金融创新力度，深入推进综合化经营和国际化经营，建设一批具有良好品牌形象和国际竞争力的大型商业银行。

对中型银行，应在风险可控的情况下，对精细化、专业化、特色化银行的资本充足率、存贷比、不良贷款率、存款准备金和业务资格及市场准入等方面给予一定关照，鼓励中型银行选择合理的市场定位，提高可持续发展能力和竞争能力，真正实现其自身价值，而不是盲目地随波逐流，追大求全。

对小型银行，同样在风险可控的前提下，对其服务科技型小企业、农村金融、社区银行等在资本充足率、存款准备金率、市场准入等方面予以特殊照顾，加快社区金融服务组织体系建设，促进地方中小商业银行更加专注于本地社区居民和小微企业金融服务。

此外，建议对政策类业务和商业性业务实行差别化监管政策。考虑根据不同银行的服务领域或社会价值，对其进行经济收益和社会效益的综合评估，引导金融资源合理投放。如对国家性、政策性和战略性重点项目应降低风险权重和贷款集中度要求，引导其加强服务国家战略的能力；对专门服务于农村地区的银行，可通过再贷款、再贴现等方式降低其资金成本，保持其市场定位。

三是在加强单体银行风险控制水平的基础上，适当降低开展新业务的门槛，鼓励金融创新。同时，对非传统银行业务的金融创新进行评估和细分，关注其是否具有信用创造功能、是否具有高杠杆和大规模期限错配等可能引发单体风险的特征、是否具有引发系统性风险的可能等，针对不同的风险特征实施差异化监管。对商业银行自身而言，则要突破传统发展观念，树立差异化经营理念，充分发挥比较优势，走出一条差异化、特色化的新型发展道路。需要明确战略定位，实现差异化业务经营；做好市场细分，实现差异化营销；增强产品创新能力，在动态竞争中保持差异化特色；加强特色品牌建设，打造差异化经营的高级化形态。

（3）加强对金融创新的引导，探索采用更市场化的方式引导商业银行科学转型

创新是五大发展理念之首，是引领发展的第一动力。要加强对银行业金融机构创新的引导，使其始终有利于提升金融服务实体经济的质效。

具体而言，一是要培养造就熟悉现代国际金融市场运作、熟悉金融工程技术运用、熟悉互联网技术的专业人才，切实提高研发能力，这是金融创新摆脱低水平、低层次复制怪圈的关键。二是要有效降低风险。对创新产品，要建立合理的风险定价模型，全面评估创新可能引发的各类风险，建立交易限额、交易止损等风险控制制度，事先置备压力测试、风险对冲等风险防控方式，使金融创新在风险可控前提下平稳推进。三是要切实保护金融消费者合法权益。金融创新要坚持透明、简单和规范的原则，确保风险创造主体和承担主体一致，严禁向金融消费者转嫁风险、藏匿风险、延滞风险。四是要依法加强金融知识产权保护，减少和避免同质模仿。

在监管实践中，加快推进信贷资产转让与资产证券化业务，提高银行资产流动性，并为存量信贷结构调整提供工具。鼓励由民间资本发起设立民营银行等小型银行机构，发挥其优势，为银行体系注入新鲜血液。削减不符合市场化方向的机构和产品准入监管，将部分准入监管逐步从审批制转向备案制。减少采用限制性和禁止性监管要求，改用风险权重、资本要求等多层次、市场化的方式引导商业银行经营行为，增强政策弹性。推动银行服务价格市场化机制建设，进一步明确政府指导价格的范围和调整机制，更多采用市场化竞争定价的方式改进金融消费者福利。积极利用行业自律、市场纪律等手段促进商业银行科学转型。

（4）加强转型过程中的风险监管

转型正在深刻改变我国商业银行风险格局。银行体系的内在整体脆弱性会进一步加深，战略风险管理提上日程，市场风险更加突出，流动性风险加大，各类创新业务风险快速增长，同时，信息科技等操作风险更趋复杂，信用风险整体偏好上升。因此，在继续做好现有风险监管工作的基础上，下一步银行业风险监管工作还应着重关注以下五个问题。

一是进一步完善机构监管与功能监管并进的监管组织架构体系。在现有的机构监管主体结构上，尝试按照风险类别和创新金融产品种类设立功能监管团队，构建机构、风险、产品“三位一体”的监管治理架构。特别是要探索对复杂创新金融产品、系统性风险、模型评估等建立专家功能团队，不断提高风险监管的科学性和专业性。

二是高度重视商业银行战略风险监管。战略风险是利率市场化条件下商业银行发展转型面临的首要突出风险。目前银监会尚未出台关于战略风险的监管指引或其他监管规制，有关战略风险监管的要求分散于各类监管法律法规。要督促商业银行完善战略风险管理框架和流程，对战略风险进行有效地识别、评估、监测和控制，保证银行的战略任务目标与企业价值文化、业务方向及风险承受能力相一致，战略决策与其业务规模、复杂程度相匹配，并将银行的战略风险管理能力纳入常规机构监管评级体系。

三是加强利率风险等市场风险监管。利率市场化后商业银行利率风险监管复杂性将大幅提高。要进一步整合完善现有的利率风险监管政策体系，细化相关监管要求。在利率风险敏感度等指标的基础上，改进和丰富利率风险监管指标体系，将银行账户收益率曲线风险、基准风险和期权性风险纳入监测范围，实现利率风险监测的全覆盖。改进压力测试情景设计，综合考虑利率市场化因素带来的多种情景变化，提高数据报送频度，加强对银行利率风险计量的准确性和风险控制措施的有效性评估。督促商业银行完善利率风险管理体系，加快利率风险偏好和限额体系建设，推进利率风险管理和对冲工具的开发与应用。

四是有效管控商业银行流动性风险。资金来源短期化和期限错配程度提高是当前商业银行发展转型的最显著变化之一。要推动做好《商业银行流动性风险管理办法》的落地实施。不断完善流动性风险指标体系，积极运用现金流测算分析、压力测试、应急计划等先进方法和工具，提高流动性风险管理体系的专业化和精细化程度。增强对流动性风险管理的检查和评估能力。进一步丰富流动性风险监管工具，建立完善流动性风险应急处置联动计划。推动银行全面强化流动性风险管理，合理控制资产负债期限错配程度，提高融资来源稳定性。

五是促进监管合作，加强对创新业务的专项风险监管。深入分析创新金融产品的盈利模式及其潜在风险，督促商业银行完善新产品

“开发—管理—营销—售后”全过程管理。加强并表监管和跨业横向监管协作，提高同质同类业务监管政策的一致性，防止监管套利引发的不合理金融创新。坚持金融创新为实体经济服务的原则要求，严格限制或禁止脱离实体经济的金融自我循环。特别关注对资产证券化、同业、理财、综合化经营等交易性、跨部门、跨行业业务的风险监管。

2. 国有控股金融机构管理体制改革

目前我国银行业金融机构基本实现了股权多元化，为有效公司治理的落地奠定了基础。但问题在于，我国金融体系中，不仅存在中央或地方政府控股、参股银行业金融机构的情况，而且国家或政府直接经营或干预银行业金融机构的情形也很普遍。这就难免产生政府关联交易，借贷主体是与政府相关的机构，同时形成隐性担保，助长道德风险，形成预算软约束，地方政府融资平台很大程度上就是这一规律作用的结果。国有国营或政有政营，以及民有国营或民有政营，国家或政府直接经营或干预银行业金融机构，既是我国银行业金融机构治理结构的软肋和风险隐患，也是制约“十三五”时期我国银行业转型升级成功的重要因素。“十三五”时期国有控股金融机构总的方向是更加强调商业银行作为市场主体的自主性，最大限度减少政府的内置干预。

（1）厘清政府与银行的关系，实现从资产管理到资本管理

当前商业银行的公司治理机制难以有效发挥作用，许多行为也不是按照市场化和商业化的原则行事，而是兼顾政策性职能。国家或政府控股、参股商业银行在国外也不罕见，但国家或政府对国有资本的管理责任是建立在所有权之上，国有股份与其他股份并无二致，都是按照市场化的原则和现代公司制度运行，国家或政府无法进行干预。如果国家或政府直接干预经营管理，则完全背离现代公司治理和市场

化的原则。因此，问题并不在于国有股权的比重，也不在于是否控股，而在于国有股东是否与其他股东一样在现代企业制度和市场化的框架内行使股东权利。应当厘清银行与政府的关系，使国有股东成为一般意义的股东，实现从资产管理到资本管理的转变；同时加快增加市场约束、降低道德风险的各方面改革，最大限度减少政府的内置干预，转变商业银行的基础行为，使其成为真正的市场主体。无论控股、参股，中央和地方政府都要以股东身份按市场原则行事，遵守市场纪律，按现代公司制度参与治理。

（2）深化授权经营制度改革

在依法合规基础上，构建“权责清晰、授权经营、监督检查、动态调整”的授权管理模式，充分发挥以董事会为核心的决策体系，实现稳健经营与授权经营的统一、授权管理与风险控制的平衡、统一授权与分类授权的协调。

具体而言，包括如下三层机制：一是实现股东（大）会对董事会全权授权，同时董事会对全体股东负责，承担银行经营管理的最终责任；二是实现董事会对高级管理层充分授权；三是完善管理层授权经营机制。

3. 积极推进国有企业和地方政府融资机制改革

（1）进一步加大改革力度，完善国有企业激励相容的公司治理结构，提高财务约束

强化国有企业破产清算机制，由“做大做强”到“瘦身健体”，尽可能退出市场可以发挥作用的领域，只在关键部门战略领域，进行更长期跨期安排。

（2）理顺中央与地方财政关系，建立地方政府财政收入与支出的激励相容机制，硬化地方政府财政约束

2016年，中央与地方税收收入划分，以及中央与地方事权和支出责任划分改革均已正式启动。尤其是“营改增”试点全面推开，意味着地方主体税种营业税将成为历史。尽管“营改增”试点期间采取了“打标签”全部作为地方收入的办法，但这是改革初期为不影响地方财力的过渡性安排，改革方向依然是增加中央事权和支出责任。未来，地方政府缺乏主体税种、事权与财力不匹配的矛盾可能进一步凸显。必须考虑授予地方政府必要的税政权力，加强地方政府公共服务能力建设，使地方政府具备与其职责相匹配的财权与财力，摆脱对土地财政的依赖。在政策上，应深入研究财产税的实施路径，全面改革资源税，加快推进消费税改革，培育地方主体税种，增强地方自主发展能力。同时应发挥地方人大作用，对地方债务形成硬约束。

主报告执笔人：王刚（经课题组全体成员讨论修改）

参考文献

[1] Stiglitz, J. E. and Weiss, A., Credit rationing in market with imperfect information. America Economic Review, Vol. 71, No. 3, 1981.

[2] Pennathur A. K., Subrahmanyam and Vishwasrao, s.. Income Diversification and risk: Does Ownership Matter? An empirical examination of Indian banks. Journal of Banking and Finance Business, 2012 (61): 70 ~ 89.

[3] Hidayat. Bank risk and non-interest income activities in the Indonesian Banking industry. Journal of Asian Economics, 2012, 3: 23.

[4] Calmes and Liu, H. Financial structure change and banking income: a Canada-U. S. comparison. Market and Money, 2009, 1: 19

[5] Shin, H. S.. Securitization and financial stability. Economic Journal, 2009 (119): 309 ~ 322.

[6] Robert De Young, Tara Rice. Non-interest income and financial performance at U. S. commercial banks. Policy studies, 2003, 2: 21 ~ 29.

[7] Ant Lozano-Vivas and Fotios Pasiouras. The impact of non-traditional activities on the estimation of bank efficiency international evidence. University of Bath School of Management Working Paper Series, 2008, 1: 32 ~ 38.

[8] Christio Calmes. The impact of off-balance-sheet activities on banks returns ran application of the

ARCH-M to Canadian data. Cahier De Recherche，2009，7：62.

[9] Rim Turk. Ariss. Competitive conditions in Islamic and conventional banking：a global perspective. Lebanese American University，2010，5：56～59.

[10] 巴曙松，华中炜，朱元倩．利率市场化的国际比较：路径，绩效与市场结构．华中师范大学学报（人文社会科学版），2012，51（5）

[11] 肖欣荣，伍永刚．美国利率市场化改革对银行业的影响．国际金融研究，2011，1

[12] 尹继志．从美日经验分析利率市场化对金融运行的影响．亚太经济，2011，3

[13] 金玲玲，朱元倩，巴曙松．利率市场化对商业银行影响的国际经验及启示．农村金融研究，2012（1）

[14] 谢晓雪．利率市场化与风险管理．中国金融，2012，15

[15] 李泉，延莉莉．非利息收入对商业银行经营绩效影响的实证研究——基于中国16家上市商业银行2005－2012年的数据分析．西北大学学报（哲学社会科学版），2014，1

[16] 利明献．利率市场化下的银行盈利模式．中国金融，2011，20

[17] 艾晨，蒋桂波，袁媛．利率市场化对城市商业银行盈利模式的影响分析．海南金融，2012，12

[18] 乔桂明，吴刘杰．多维视角下我国商业银行盈利模式转型思考．经济问题研究．2013，1

[19] 宋丹，黄旭．基于大数据视角的商业银行零售业务转型研究．海南金融，2016，2

[20] 褚蓬瑜，郭田勇．互联网金融与商业银行演进研究．宏观经济研究，2014，5

[21] 王鹤立．我国金融混业经营前景研究．金融研究，2008，9

[22] 梁琪，余峰燕．商业银行混业经营、承销商独立性与IPO质量．世界经济，2014，1

[23] 郑春东，亓海鑫，王寒．商业银行混业经营的消费者评价研究．中央财经大学学报，2013，2

[24] 王硕，李强．互联网金融客户行为研究及对商业银行转型的思考．当代经济管理，2015，5

[25] 黄旭平，熊季霞．混业经营条件下银行集中与效率．当代经济科学，2005，11

[26] 徐超．美国信贷市场结构：演变、影响及启示——基于金融监管的视角．国际金融研究，2014，5

[27] 贺晨，孙杰．日本瑞穗金融集团整合经验与转型历程．现代日本经济，2009，2

[28] 郑蔚，王思慧．战后日本金融制度变迁与转型：一个制度金融学的考察．现代日本经济，2014，1

[29] 徐为山，杨朝军，汪有涛．全能银行与银行保险：欧洲商业银行集团化的事业模式比较．国际金融研究，2005，6

[30] 曾建中，黄辉．从美国社区银行的演变看我国城商行转型．金融经济，2014，10

[31] 韩芳．美国利率市场化过程中的银行资产管理业务转型．银行家，2014，5

[32] 谢刚，李勇．美国商业银行经营战略转型中的贷款交易研究与启示．金融论坛，2008，5

[33] 张永祥．美国商业银行中间业务发展对我国商业银行的启示．国际金融．2014，3

[34] 陆晓明．美国银行战略转型及对中国银行业的启示．国际金融，2014，9

[35] 林治乾，张建玲．以美国Umpqua银行为例探析银行实体网点转型．中国银行业，2015，7

[36] 彭立铭，范磊，肖向前．英、美两国银行发展战略比较——以花旗银行与劳埃德银行为例．经济视角，2006，2

[37] 潘功胜，温信祥，于东智，牛莜颖．从德意志银行的兼并收购看其发展战略转型．国际金融

研究，2007，10
[38] 侯维俊．德国商业银行战略转型的经验与借鉴．金融管理与研究，2005，8
[39] 朱翀．商业银行成功转型为科技银行的典范——美国硅谷银行商业模式剖析．时代金融，2014，12
[40] 袁成，裴平．欧洲银行保险的发展及其对中国的启示．金融论坛，2009，4
[41] 王家强，谢玉鹏．亚洲新兴市场银行业的崛起：现状、挑战与实现路径——兼评 2007 年全球 1000 家大银行排行榜．国际金融研究，2007，9
[42] 范文燕．银行经营战略的转型：英国劳埃德银行的案例．新金融，2005，3
[43] 姜建清编著．银行转型与收益结构研究．北京：中国金融出版社，2006
[44] 交通银行金融研究中心．转型求变：中国经济与商业银行的发展转型研究．上海：上海远东出版社，2013
[45] 何大勇，张越，刘月．个人金融新格局：新趋势下的变革与创新．北京：中信出版社，2016
[46] 刘鹏．中国商业银行变革与转型．北京：中国金融出版社，2014
[47] 申学清．新常态下城市银行战略转型研究．北京：中国金融出版社，2016

分报告一

银行转型的内涵及外延界定

一、银行转型释义

在很多时候，一些常用词汇由于经常使用，反而“日用而不知”，有必要回到词的本义来。银行转型也属于这类词之一。

银行，字面意思应为替别人存放和运输金银的行业。金银为贵重物品，可引申为获得别人的信任。存放与托管是提供安全、高效、低成本的财富保管和转移的手段。因获得了信任，并且这种业务存在时间差，于是就有了借贷行为。但最初的银行被称为“商人银行”，主要为贸易过程的货款流通提供流动性资金支持的，或者称供应链金融。此后，才随着经济社会尤其是其所服务客户的需求变化而不断拓展其职能，实现银行业的演变。从当前世界各国的银行发挥的实际功能来看，既有共性也有很大的不同，基本都烙上了历史和文化的印迹。银行因其核心功能而区别于其他金融机构，也因为其拓展和深化，实现了融合和发展。目前银行的核心特征是以自己的信用吸收公众存款并发放贷款的金融机构。

1. 银行的“型”态是具有自组织的系统

世界上的银行多姿多彩，不同的人对银行的“型态”理解千差万别。可以从组织形态、产品和服务、业务特征等外部特征来理解银行的“型态”，也可以从商人银行、投资银行、全能银行等商业模式、功能（职能）角度理解银行的“型态”。我们对银行“型态”的理解是立体的，是银行基于某种理念和商业模式，通过设计与此相适应的组织、制度流程，并最终通过为服务群体提供特定金融产品和服务，从而实现其功能定位。这是一个多层次、相互适应构成完整系统的“型态”。

2. 银行型态的确立和转变：拓展、衍生和转变

银行之所以成为银行，有其区别于其他金融机构的基本形态，一旦这种形态变化了，银行就不成为银行而转变为其他金融机构，“银行”便在这个历史阶段消亡了。因此，所谓银行转型，是在保持其核心特征（目前以其基本功能）基础上的形态变化。

从机构发展的角度，银行转型之前还存在银行基本“型”态在市场中确立的过程。银行并不是简单地将一些要素组合在一起，并获得监管部门审批之后就完全确立了“银行”型态，而是需要通过其业务拓展和产品完善，逐步在市场竞争之中找到自己的现实定位和客户认可，方可树立其基本型态。犹如小孩出生到自立，经过学习和发展后才能成为独立个体。我国大量银行的设立时间并不长，独立运作的时间更不长，还处于寻找市场定位和确立“银行”基本型态的过程。

进一步，从银行型态转变的角度，转型有三种“转”法。一是功能的拓展——形态的横向发展。从单一职能向多种职能转变，从某种服务领域向其他服务领域拓展等。二是功能的衍生——形态的纵向发展。基于原有功能（职能），衍生出更多链条，或者用不同的形态来实现原有功能。三是功能的转变——对银行定义的某种修正。对银行的商业模式、基本功能根据环境进行修正，并改变其组织和产品以适应这种改变。这是较为根本的“转型”，是银行避免自己在历史中“消亡”而进行的最大程度的自我改变。

3. 银行转型有多种完全不同的渠道，不同层面的转型往往适用于不同的转型路径

银行转型的实现既是一个渐变的适应环境的过程，也是功能调整，特别是观念革命的巨变过程。银行转型，既可以通过单个银行的自我完善，甚至是治理结构和控制权转移等实现，也可以通过银行设立和破产退出，改变行业的集中度和不同银行的不同成长和适应竞争而实现，还可以通过跨业竞争，出现跨业融合和竞争而实现。

4. 银行转型成功与否的判断标准是具有历史性的

银行转型是市场和管理互动的结果。判定银行转型成功与否，既要看是否促进银行效率提高等微观标准，也要看是否促进银行业的发展、金融体系效率和稳定等宏观标准，甚至还需要从相对较长的历史周期来观察，可能是有所反复的。2008 年美国金融危机前，银行业受市场交易活跃的影响，向投资银行、交易银行转型，这是适应当时金融环境的转型，甚至市场通过盈利增加等方式确认了这种转型。但美国金融危机爆发后，这些银行被证明过度冒险，并不利于金融体系的稳定。银行转型始终在路上，标准也都是阶段性的，需要不断调整。

二、当前阶段我国银行转型的内涵和外延

银行是一种观念，在金融领域有其功能定位。为实现其功能定位，需要有相应的商业模式和实施主体。其中商业模式包括客户群体、业

务模式和风控模式等，实施主体则包括组织、渠道、技术和人等。银行转型，是外部环境变化和内部机制演变相互结合的产物，是指银行为适应所处经济金融（含监管）环境的变化，在功能定位、商业模式和实施主体等方面进行转变，是检验并提高组织对环境变化适应性的过程。

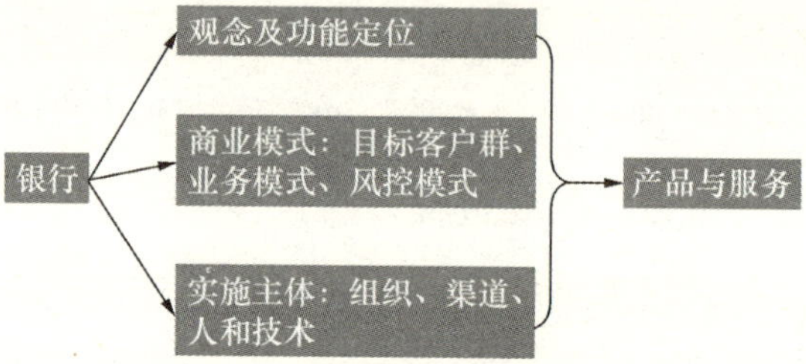

图 1－1　银行转型内涵图示

当前我国银行业的转型已不再仅仅只是观念上有转型紧迫性，而且银行经营环境的快速变化，已使得银行转型已实质性推进并具有生死攸关的现实紧迫性。不同银行在所在市场环境，按照各自所理解的银行转型，逐步推进最终能决定其命运的变革。

（一）银行功能转型

金融的主要功能是实现资金新的更有经济效率的配置。银行主要是基于银行信用吸收社会资金，尤其是可以吸收社会公众资金，借助掌握社会资金结算渠道，实现资金期限和风险等特征的转换。长期以来，我国的银行受到国家严格管理并服务于国家的经济建设，主要承担资金资源的集中并按照国家如产业政策和经济原则进行配置的职能。

近期由于环境变化，导致我国现实中的银行功能需要并且能够转型。

1. 经济发展阶段转变和服务对象变化

不同经济发展阶段（发展动力和发展方式不同），其产业特征和相应的融资需求不同，对银行在融资体系中所需承担的功能要求不同。这种功能要求通过银行所服务的对象及其金融需求的不同而体现出来。传统银行，大中型企业和国有企业是其服务的主要对象，但随着股票和债券市场的发展，越来越多的大中型企业和国有企业转向股票和债券市场融资，银行服务对象不得不转向中小企业，并为大中型企业主要提供流动性等资金服务。此外，随着我国进入工业化中后期，基础设施和成熟企业的资金需求在下降，银行开始关注创新型企业和成熟企业的非传统环节的资金需求。此外，银行对零售业务也逐步重视，开始关注并适应客户消费习惯的变化（见图1－2）。

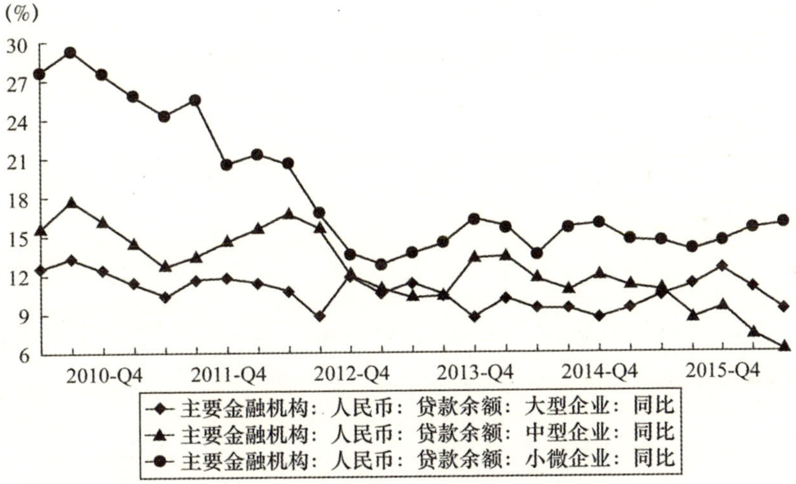

图1－2　不同类型企业贷款余额占比变化

资料来源：Wind资讯。

2. 利润来源和价值增值渠道

目前利差收入仍是银行最主要的利润来源，而实际上其承担并管理的风险有限。大量的市场风险，由于价格管制、政策性业务剥离以及两轮不良资产政策性处置等原因，绝大部分由国家承担，企业的信用风险和流动性风险，银行通过抵押、长期项目短期贷款等方式转嫁给企业，真正由银行承担的风险并不大。随着利率市场化等价格管制的放开，存款保险制度等推出，企业在市场中的地位有所提升，以无风险利差为主要利润来源的价值增加渠道开始萎缩，风险收益开始受到重视（见图1－3）。

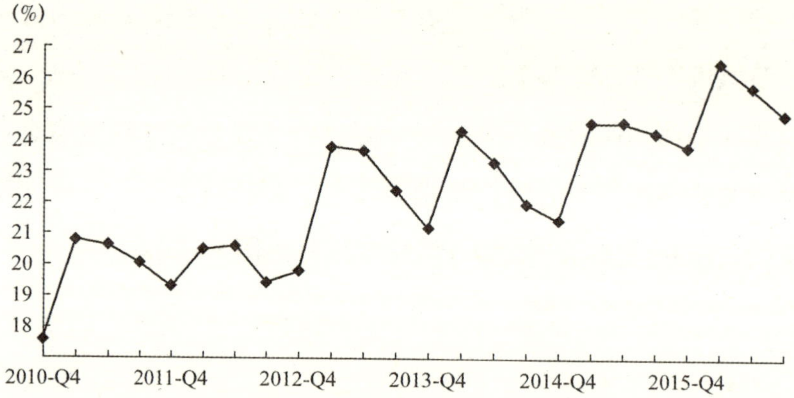

图1－3 商业银行非息收入占比变化

资料来源：Wind资讯。

3. 跨业竞争格局发生变化

一方面，股票债券等证券市场的发展开始侵蚀并改变社会融资格局。另一方面互联网金融，尤其是其中的第三方支付等，开始争夺银行的清结算业务。

以新增人民币贷款占社会融资规模的比重来看，2002以来该比重持续下降，但2013年后又所有提升，反映了这个转型过程的曲折性（见图1－4）。

4. 数据和技术手段使得银行功能转型成为可能

电子化和网络化在经济社会中逐步普及，开始形成大数据，加上近期发展起来的云计算、复杂计算以及区块链等技术，使得低成本、深入挖掘客户需求并提供更有效的风险评估和更贴身的金融服务成为可能。

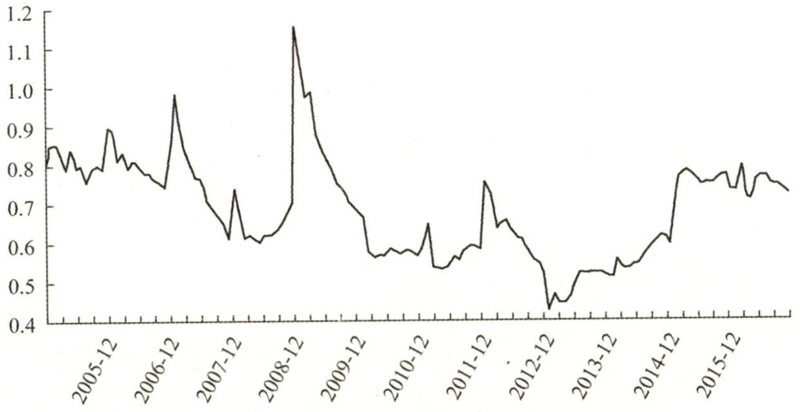

图1-4　新增人民币贷款占社会融资规模比重

资料来源：Wind 资讯。

总之，我国银行的功能开始从最基本的资源（资金）再分配功能，开始增加了其他功能，如风险管理和金融创新等银行传统的本源性功能，从特殊行业开始向服务行业和金融本质回归，金融服务的组织者和平台的提供者功能逐步得到培育。

（二）银行业转型

从行业角度看，银行转型也表现为银行业的市场结构的变化。首先是市场集中度的变化，从原来的以四大银行为主的格局逐步增加市场竞争主体。从存贷款市场的集中度来看，2011 年左右四大国有银行的存贷款占全部金融机构存贷款的比重在50%左右，到2016 年该比重已下降到40%左右，且还处于下降的趋势之中（见图1-5）。

其次是市场初步形成了分层。目前开始逐步形成了四个层面的有所分工的银行体系。一是全国性商业银行，网点遍布全国，业务品种齐全且金融创新能力强。二是区域性股份制银行和城市商业银行，其优势与所在地区密切相关，开始关注开发区域业务特点，强调与其他金融机构的战略合作。三是大量的农村商业银行、村镇银行等金融机

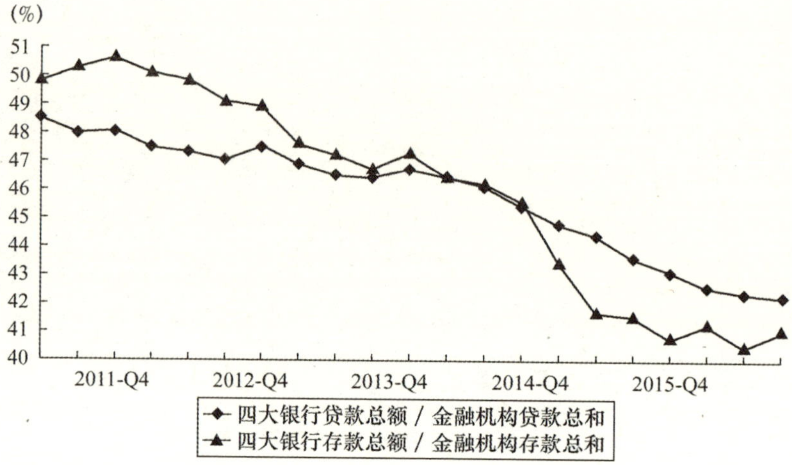

图1－5　四大行存贷款占银行业比重

资料来源：Wind资讯。

构，主要在县域经济内发挥金融功能。四是专注互联网业务的部分民营银行，更加关注支付、交易和经纪中介，包括信用评估服务等领域。

再次是市场从同质和价格竞争开始转向差异化经营。在相当长时间内，我国银行业既存在竞争主体不足、大量金融服务缺乏金融机构提供、银行和企业的地位不对等等现象，也存在银行商业模式雷同，产生严重的同质竞争，银行大量资源投入到相同区域、相同客户尤其是大中型优秀企业的竞争上，甚至陷入惨烈的价格竞争之中，出现部分企业利用银行过度竞争在不同银行之间不断转移的现象。今年来银行开始寻找自己独特的市场定位，服务于不同客户群体的不同金融需求，尤其是开发不同的风险评估和管理工具，实现不同的价值增值渠道，开始转向有所差异的竞争模式。

最后则是银行功能实现方式的转变，形成兼顾稳定和灵活的生态系统。银行业在前、中、后台上进行了专业性分层、分工，既有稳定和统一，能满足规模化需求的基础设施层面，又具有相对稳定性和灵活性的平台层，还具有各种特色的交易、外包等服务层。

（三）银行机构的转型

银行机构的转型在宏观上是银行功能的转变和银行行业结构的变化，在微观上是银行适应外部环境变化的一种战略定位的选择，是特定商业模式的实施。不论是银行功能转型还是银行业转型，最终都将通过银行机构的转型实现。银行是一个在特定经济金融领域内运行的组织，其转型将通过组织、渠道、技术和人才等构成要素及其结构的变化而显现，并通过其提供的产品和服务的有效性来检验。

目前看，银行经营理念有所转变，开始回归“企业”和“银行”本源，开始关注和了解客户，提高为客户服务的效率；从“重资本”企业转向“轻资本”企业，关注风险成本和资本成本；注重银行的规模效应和协同效应，抱团取暖、战略合作等行为较为普遍。近些年来，银行的集团化、综合化、国际化和科技化等趋势较为明显。由于监管等方面的不协调，银行还呈现出“表外化”和“脱媒化”的特征，银行的风险管理和组织设计也因此而开始转变。

总之，我国当前的银行转型是三个层面同时转型的过程，是伴随着经济转型、金融市场结构变化过程中的银行功能、组织和产品转型，这是形成多样化、分层、有特色的银行生态体系的过程。

执笔人：陈道富

分报告二

"十三五"时期宏观环境变化与商业银行转型

一、中国需要什么样的商业银行体系

基于国民经济与社会发展讨论商业银行转型，需要首先回答的基本问题是：中国需要什么样的商业银行体系？纳入到"十三五"背景下，这一问题则可以更确切地表述为：为推动中国经济向创新驱动转型升级和如期全面建成小康社会，我们需要一个什么样的商业银行体系？

"十三五"规划纲要明确提出，"提高金融服务实体经济效率和支持经济转型的能力，有效防范和化解金融风险"。这为我们回答上文提出的基本问题提供了线索。它意味着，"十三五"期间，中国所需的商业银行体系应具有以下三方面特征。

第一个特征：服务实体经济效率更高

服务实体经济效率不高是当前商业银行体系存在的主要问题之一。一方面，金融资源过度配置到政府隐性担保部门（如地方政府融资平台），小微企业融资难问题突出。商业银行的经营模式过于依赖不动产抵押和政府隐性担保，缺乏适于小微企业的风险及成本可控的融资解决方案。另一方面，“脱实向虚”问题突出，资金空转，融资链条长，越来越多的金融资源被用于支持房地产交易而非实体企业。2016 年，新增人民币贷款中有近四成用于购买房产。

服务实体经济效率更高，意味着要提高服务小微企业的能力，改变资源过度配置到政府隐性担保部门的现状；意味着要避免“脱实向虚”，缩短融资链条，避免将金融资源更多配置到房地产。

第二个特征：支持经济转型能力更强

中国经济转型升级，目标是转向创新驱动，关键在于构建一个有利于创新要素向生产性活动（Productive activities）而非分配性活动（Distributional activities）配置的要素报酬结构，即创新友好型报酬结构。当前的要素报酬结构并非创新友好型报酬结构，金融业这类分配性活动为人才、资本和企业家才能等要素提供的收益率远远高于实体经济或生产性活动。

支持实体经济能力更强，固然需要商业银行提高服务实体经济的效率，为创新型企业提供融资支持；但更为关键的是需要商业银行自身不构成创新要素流向生产性活动的障碍。

第三个特征：富有韧性

“三期叠加”背景下，金融风险不断累积。如期全面建成小康社会，需要有效防范和化解金融风险，确保不发生系统性金融风险。为此，2016 年 12 月召开的中央经济工作会议提出，要“把防风险放在更加重要的位置”。

中国是典型的银行主导型经济体，有效防范和化解金融风险需要一个富有韧性的商业银行体系。这既需要商业银行有足够的风险抵抗能力，也需要存在相应的机制使商业银行不过度累积风险。

二、“十三五”时期宏观环境变化的四大特征

“十三五”期间是全面建成小康社会的决胜阶段，中国仍将处于经济发展新常态，“三期叠加”仍是鲜明的阶段性特征，改革开放将进一步推进，金融风险集中暴露，信息化、互联网化程度进一步提高，社会财富结构发生深刻变化。受这些因素的综合影响，对于商业银行转型而言，“十三五”时期宏观环境变化将具有以下四方面的特征。

（一）政府对市场主体的隐性担保有望去除

近年来，中国金融改革在利率市场化、放开市场准入、推动农村金融机构改革等方面取得了积极进展。尽管如此，金融服务实体经济效率仍有待提高，金融资源过度配置到公共部门，市场化部门及小微企业部门融资难。主要原因在于政府隐性担保的广泛存在严重扭曲了公共部门（如产业类国企和地方政府融资平台）与市场化部门的相对风险。更确切地讲，对公共部门的隐性担保或救助使其在经济下行和经营效益下滑背景下仍维持低违约率，而市场化部门由于缺乏隐性担保，其违约率却随着经济下行而不断提高并显著高于公共部门。一个典型案例是地方政府债务置换前地方政府融资平台风险广受关注，但地方政府债务置换却使得相关贷款违约率极低。

政府隐性担保广泛存在主要有两大原因。一是产业类国企改革仍显滞后，产业类国企与政府之间仍存在广泛联系。二是地方政府赋予了地方政府融资平台公司“稳增长”的政策性负担，政府隐性担保便

是为这一政策性负担所支付的对价。

这两大因素在“十三五”期间有望得到显著削弱，从而使得政府隐性担保得以去除，至少在相当程度上去除。一方面，随着国有企业经营效益下滑，国有企业改革的重要性和紧迫性都将进一步增强，以“管资本”为主的国资管理体制改革有望实质性推进。另一方面，在把防风险放在更加重要的位置的背景下，将更加重视稳增长与防风险之间的平衡。随着稳增长负担的减轻，地方政府举债约束机制的进一步完善以及隐性担保成本的增加，对地方政府融资平台的隐性担保将会显著减少。

（二）金融与实体经济再平衡进程将启动

“十二五”以来，金融过度繁荣，金融与实体经济已严重失衡。

1. 从分行业增加值看

2015 年金融业增加值占 GDP 比重已高达 8.5%，居世界主要经济体之首，并远远高于金融业发展和改革“十二五”规划提出的 5% 左右的预期目标。同期，美国和英国仅略超过 7%，日本和德国则在 5% 以下。2016 年，金融业增加值占 GDP 比重虽有所下滑，但仍高达 8.4%（见图 2－1）。

2. 从利润分配格局看

金融业占据的利润比重过高。在 A 股上市公司中，金融类上市公司净利润占比持续提高，2015 年已接近 60%[①]（见图 2－2）。相对于工业企业而言，金融业的相对利润持续增加并达到很高水平。由于缺乏全样本数据，我们根据分行业企业所得税对工业企业和金融业的相

① 由于上市公司样本在金融业的代表性高于非金融业，在全社会利润分配中，金融业利润比重会低于这一水平。

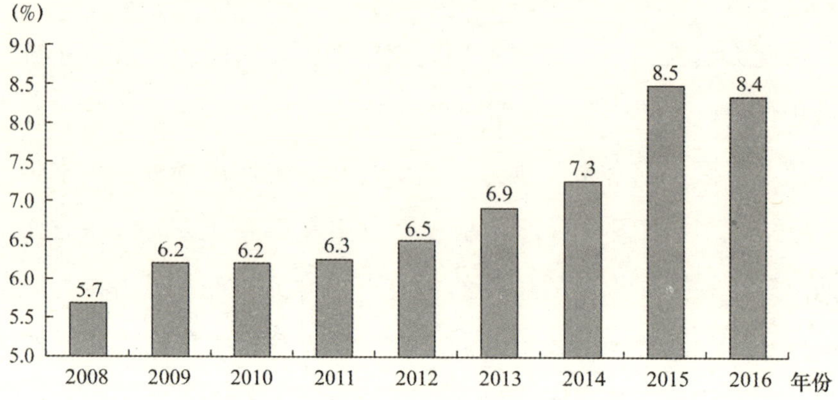

图 2－1 金融业增加值占 GDP 比重

资料来源：Wind 数据库，2017 年 2 月 4 日访问。

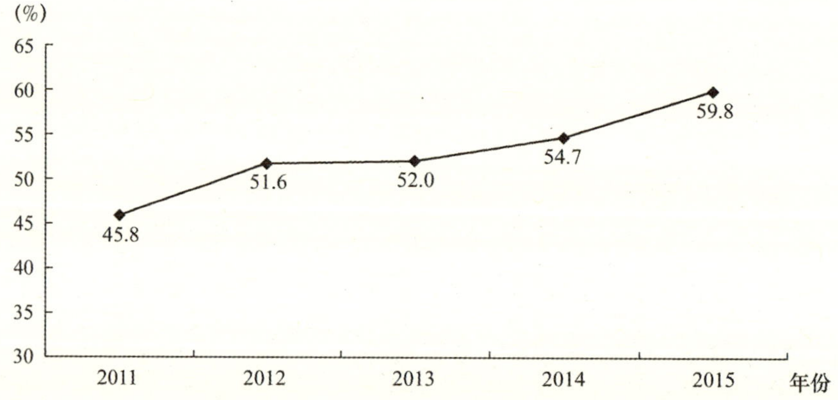

图 2－2 金融类上市公司净利润占所有上市公司净利润比重

资料来源：Wind 数据库。

对利润进行估算。2016 年，金融业所得税已达到工业企业所得税的 120.1%，而 2011 年仅为 56.2%（见表 2－1）。假定实际税率不变，则近五年来金融业的相对利润提高了 1 倍以上，而工业企业的相对利润则萎缩了 50% 以上。

3. 从收益率看

金融业收益率显著高于工业企业。以上市公司为例，虽然近年来上市银行净资产收益率（ROE）持续下滑，但仍显著高于非银行业

表 2-1 金融与工业企业利润格局：基于企业所得税的测算

	2006	2011	2012	2013	2014	2015	2016
金融企业所得税（亿元）	1059	4022	5491	6276	7529	8572	8802
工业企业所得税（亿元）	2200	7162	7349	7422	7837	7425	7329
金融企业所得税/工业企业所得税（%）	48.1	56.2	74.7	84.6	96.1	115.5	120.1

资料来源：财政部，中国税务年鉴2007。

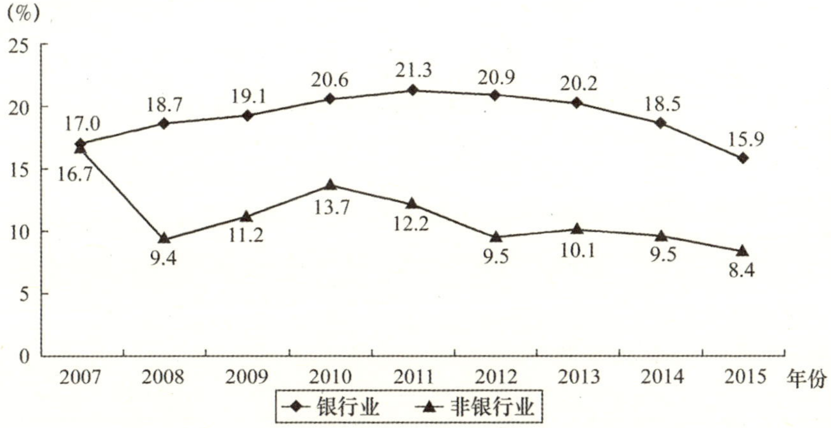

图 2-3 上市公司净资产收益率：银行业与非银行业

资料来源：Wind 数据库。

（见图 2-3）。2015 年，上市银行净资产收益率 15.9%，接近非银行类上市公司的两倍。

4. 从从业人员收入看

金融业从业人员收入总体上也高于其他行业。自 2009 年金融业超过信息传输、软件和信息技术服务业后，金融业城镇就业单位人员平均工资便位居各行业第一（见图 2-4）。以上市公司为例，银行类上市公司人均工资一直维持在非银行类上市公司的两倍以上（见表 2-2）。

金融与实体经济失衡的格局不应持续，需尽早启动再平衡进程。金融的过度繁荣导致了严重的“脱实向虚”，导致包括企业家才能、人才和资金在内的创新要素过度向金融业而非生产性活动配置，已对

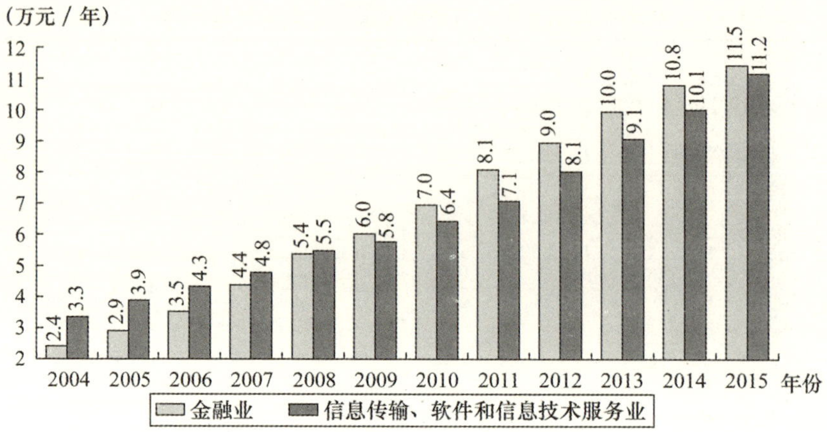

图 2 -4　城镇就业单位人员平均工资

资料来源：国家统计局。

表 2 -2　　上市公司人均薪酬：银行类与非银行类　　单位：万元/年

	2008	2009	2010	2011	2012	2013	2014	2015
银行业	17. 44	17. 35	20. 04	23. 46	24. 88	26. 18	27. 61	27. 44
非银行业	8. 11	8. 21	9. 09	9. 95	10. 39	10. 96	11. 94	13. 04
银行业/非银行业	2. 15	2. 11	2. 20	2. 36	2. 39	2. 39	2. 31	2. 10

注：人均薪酬 =（期末应付职工薪酬 - 期初应付职工薪酬 + 支付给职工以及为职工支付的现金）/［（期初员工数 + 期末员工数）/2］。

资料来源：Wind 数据库。

整个社会的资源配置效率产生了严重的负面影响。以优秀人才的配置为例，金融业吸纳北京大学和清华大学应届毕业生数量已经位居各行业第一，占比显著高于排名第二的行业（见表 2 -3）。若不及时启动金融与实体经济的再平衡进程，有效抑制创新要素的“脱实向虚”，经济增长模式向创新驱动转型以及如期实现全面建成小康社会目标将会受到严重制约。

金融与实体经济失衡的格局不可持续，“十三五”期间很可能启动再平衡进程。全球金融危机以来，金融过度繁荣得益于经济增长过度依赖信贷和风险暴露滞后。一方面，由于内生增长动力仍然不足，

表 2-3 北京大学与清华大学毕业生就业情况：按行业

		北京大学			清华大学		
		金融业就业占比（a）	排名第二行业就业占比（b）	差异（a-b）	金融业就业占比（c）	排名第二行业就业占比（d）	差异（c-d）
硕士就业情况	2014	29.29%	22.24%	7.05%	22.40%	15.40%	7.0%
	2015	32.42%	18.16%	14.26%	25.00%	19.20%	5.80%
	2016	32.93%	20.44%	12.49%	27.20%	20%	7.20%
总体就业情况	2014	24.52%	19.77%	4.75%			
	2015	26.50%	15.67%	10.83%	19.10%	16.80%	2.30%
	2016	26.44%	18.80%	7.64%	21.20%	17.70%	3.50%

资料来源：北京大学、清华大学 2014～2016 年毕业生就业质量报告。

经济增长对信贷扩张依赖度不断加深，“十二五”期间金融规模快速扩张。以银行业为例，“十二五”末，银行业金融机构总资产达到 194.2 万亿元，较“十一五”末增长 106.0%，高出同期名义 GDP 增速 39.2 个百分点。2016 年，银行业继续保持快速增长甚至呈现出加速增长的态势（见图 2-5）。规模的快速扩张很大程度上对冲了降息和利率市场化对净息差带来的冲击，使得银行业利润在净息差显著收窄的情况下仍维持正增长并保持在畸高水平。

另一方面，受业绩考核压力、房地产（抵押物）价格上升、风险滞后性等因素的影响，已累积的金融风险并未在“十二五”期间及“十三五”初期充分暴露，尚未对当期会计利润构成严重冲击。尽管商业银行不良贷款率已经持续反弹，但仍处于较低水平（见图 2-6）。2016 年年末，商业银行不良贷款率仅为 1.81%。关注类贷款占比虽然已经反弹至接近 5%，但由于关注类贷款计提减值准备少，并不对利润造成显著冲击。风险暴露滞后使得在经济持续下行、实体经济经营困难的情况下，银行业的绩效表现暂时脱离了实体经济的运行状况，

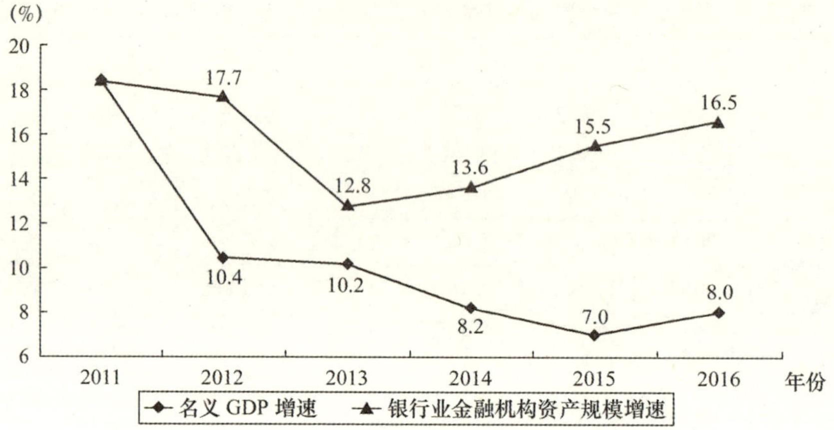

图 2－5　名义 GDP 及银行业金融机构资产规模增速

资料来源：Wind 数据库。

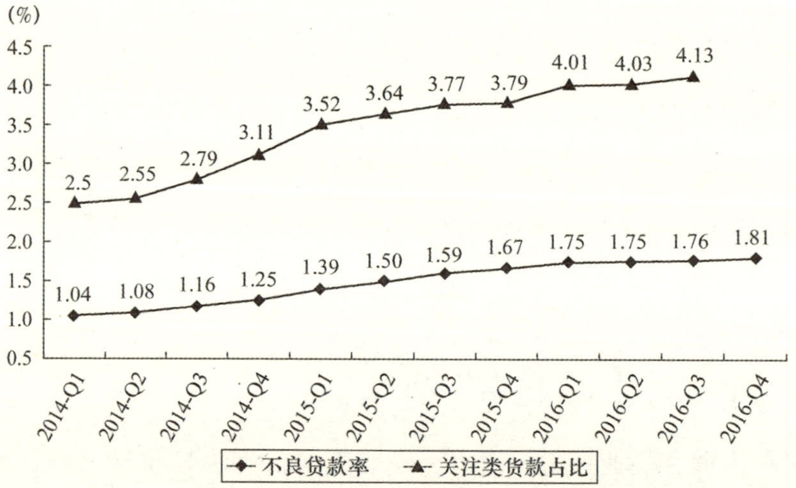

图 2－6　商业银行不良贷款率及关注类贷款占比

资料来源：银监会。

呈现出一枝独秀的局面。

“十三五”期间，以上两大因素将不复存在。一方面，信贷密集型增长不可持续。经济增长对信贷的过度依赖或信贷密集型增长模式已经呈现出显著的后遗症，如杠杆率持续攀升和较严重的房地产泡沫。为此，2016 年 12 月召开的中央经济工作会议再次重申去杠杆并指出要抑制房地产泡沫，经济增长对信贷的依赖有望减轻。另一方面，风险暴露压力持续增加。金融离不开实体经济。随着房地产市场的降温，金融监管的完善，去产能、清理僵尸企业和去杠杆的推进，已累积的金融风险终将暴露。信贷扩张速度的放缓和风险暴露会降低商业银行的会计利润和从业人员的收入水平，从而推动金融与实体经济的再平衡。

（三）金融业将从规模扩张转至治理整顿阶段

由于金融规模快速扩张，近年来杠杆率持续攀升。初步测算，2016 年年末非金融部门杠杆率已经达到 241.6%，分别较 2008 年和 2015 年提高 109.2 个和 18.5 个百分点（见图 2－7）。树不可能长到天上去。风险的集中暴露、隐性担保的去除使得杠杆率持续攀升的局面难以持续。

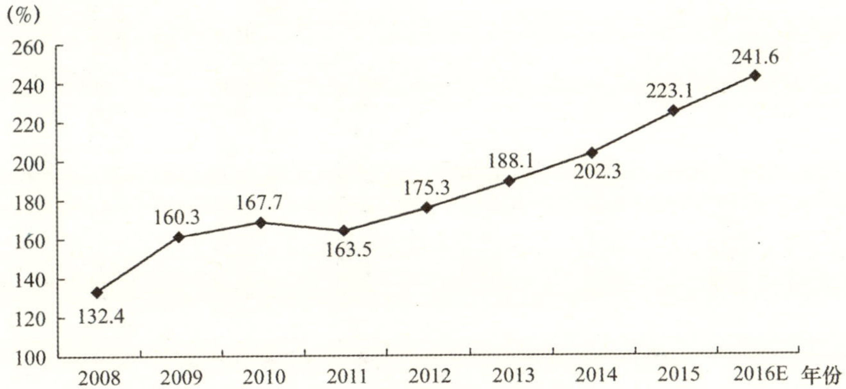

图 2－7 非金融部门杠杆率

资料来源：笔者测算。

目前累积的金融风险既有经济周期的因素，也有近年来金融粗放发展、乱象丛生方面的原因。在金融风险集中暴露期，金融稳定将成为矛盾的主要方面，金融服务实体经济引主要体现为防范系统性金融风险以维持必要的融资功能，而非继续保持快速扩张并累积新的风险。可以判断，风险的集中暴露将会中止金融规模的快速扩张，全社会将对原有金融发展模式和金融监管缺陷进行深刻反思，监管层将会加强监管力度，对金融乱象进行治理整顿。

（四）金融科技的重塑效应将充分体现

“十三五”期间，金融科技有望蓬勃发展。

一是金融科技具有蓬勃发展的经济基础。一方面，数字经济蓬勃发展，经济互联网化程度快速提高。以网络零售为例，2016 年预计网络零售总额占全社会消费品零售总额比重将达到15. 1%（见图2 -8）。另一方面，金融业对金融科技存在巨大需求，用于降低成本应对经营压力，用于提高服务实体经济特别是小微企业的效率。

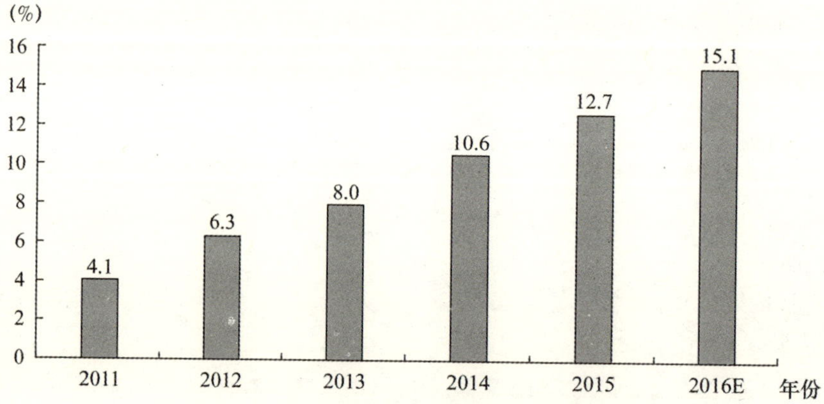

图2 -8　网络零售占社会消费品零售总额比重

资料来源：《2016 年（上）中国网络零售市场数据监测报告》。

二是大数据、云计算、区块链等金融科技底层技术蓬勃发展，为金融科技的快速发展奠定了技术基础。

金融科技将对金融业产生重大影响。技术—经济范式规律意味着新技术将对带来“新金融”，区块链、大数据、云计算在金融业的广泛运用必然带来新的金融范式。从当前情况看，金融科技已经对金融业的影响已经初步显现。比如，第三方支付的快速发展已经对银行的支付业务产生了一定冲击。又如，大数据征信已经提供了一种区别于基于抵押物的风险控制模式。

三、关于推动商业银行转型的几点启示

（一）金融与实体经济关系再平衡是基本出发点

从商业银行微观主体视角看，商业银行转型的首要目标是应对经营压力，维持业绩增长。不过，在金融已经过度繁荣，金融与实体经济已严重失衡并造成创新要素“脱实向虚”的背景下，这种转型并不利于宏观上的金融与实体经济的再平衡，并不利于提高服务实体经济的效率和支持经济转型的能力。

可见，不能就将商业银行转型局限于商业银行的视角，而应将其纳入整个经济系统，将振兴实体经济结合起来，将推动金融与实体经济再平衡作为基本出发点。为此，对于短期有利于商业银行但并不利于金融与实体经济再平衡的转型方向不宜鼓励，对于短期不利于商业银行经营指标但有利于两者再平衡的政策或转型方向应鼓励。比如，在对综合化转型的评估时，除了要关注其中蕴含的金融不稳定因素外，还要评估其是否会进一步加剧金融与实体经济的失衡。此外，由于金融风险的及时暴露有利于推动金融与实体经济的再平衡，在推动商业银行转型的过程中，有必要辅之以相应政策，推动商业银行风险的及时暴露。

（二）商业银行转型既要靠制度，更要靠技术

商业银行的成功转型离不开相应的制度保障，需要相应改革的支

撑。比如需要国资国企改革的实质性推进，隐性担保的去除，金融监管体制改革的推进。否则，商业银行的所谓转型只会带来新的扭曲，酝酿更大的金融风险。

除制度调整外，商业银行转型更要靠技术。一方面，商业银行对制度调整的可控性差，不少基础性制度改革并不是商业银行自身可以掌控的。另一方面，并不是所有问题的主要原因都可归于制度，都只能靠制度调整。金融科技的进步以及经济社会生活的互联网化可以为金融效率的提高提供技术解决方案。

执笔人：朱鸿鸣

分报告三

台湾银行业转型的经验

台湾与大陆同文同种，商业文化和经济社会结构相似。台湾银行转型比大陆早20年左右，因此台湾银行转型的经验，可以为大陆提供有益的借鉴。

一、台湾银行转型的动力：金融自由化

（一）台湾金融自由化的背景

1980年以后，台湾在经济快速成长、对外依赖度提高的背景下，也遇到了新问题。突出表现在贸易顺差扩大、外汇储备激增，货币供给大幅增加导致通胀压力上升。因此，台湾提出经济自由化方针，以减少不必要的行政干预，让市场机制充分发挥作用，更好地应对冲击。在经济自由化的引领下，金融自由化、国际化、制度化工作也提上议程。台湾金融体制长期受到抑制，行政干预极强，这是由过去经济、金融形势不稳定的特定历史环境所导致。但是在进入中高收入阶段之后，资金由短缺变为过剩，拓展金融服务渠道的呼声日益增强，民众也开始不再满足将资金放在银行生息，迫切需要增加投资渠道。

另一方面，长期金融管制也带来一些负面影响。一是管制导致正规金融机构的存款利率偏低，使得一部分存款转移到非正规金融机构。同时无法从银行获得贷款的企业转而向非正规金融机构融资，导致地下金融活动猖獗。各种期货公司、投资公司大量出现，名义上不是金融机构却经营金融业务。更有一些违法、违规机构从事非法集资甚至欺诈，造成许多人血本无归、倾家荡产，严重破坏了金融秩序并影响社会稳定。二是金融管制不利于台湾经济的国际化。由于出现大量贸易盈余，企业家有动力进行海外投资，外资也积极进入台湾，但因存在外汇和资本管制，阻碍了这些双向投资活动的开展。三是长期金融管制背景下形成的银行主导、间接融资为主的金融结构不能适应台湾制造业创新升级的需求。

（二）台湾金融自由化为银行转型提供了条件和动力

台湾金融自由化由利率自由化、汇率自由化、银行业务自由化三个关键步骤组成。金融自由化既为银行转型提供了压力和动力，也为银行转型提供了市场基础。

1. 推进利率自由化

台湾利率自由化是分三个阶段进行的。1976～1981 年为打基础阶段，主要措施是成立货币市场和票券金融公司，从事短期票据的发行和流通。通过货币市场，建立市场决定的利率体系以作为银行调整利率的参考指标，将黑市资金引入短期票据市场。

1982～1984 年为逐步放松阶段，主要措施是新增邮政储蓄存款不再转存银行，而是自由转存四家专业银行以补充中长期资金。由于这部分资金占当年 M2 新增额的 80%，此举意味着市场流动性增加，导致利率下降。

1985～1989年为完成阶段。在这一期间，台湾年均GDP增速达到9%，通胀率仅1.3%，银行流动性充裕，有利于推进利率全面自由化。1985年3月起，银行贷款利率放开。1985年8月，台湾当局废除了利率管理条例，银行制订存款利率的自主性加大。1989年7月，《银行法》修订条文生效，银行可以完全自主决定利率，利率自由化宣告完成。

2. 推进汇率自由化

在实行固定汇率时期，抑制台币升值的结果是导致通胀压力，进而引发经济衰退。为有效应对外来冲击，台湾“中央银行”在1980年3月～1981年8月期间，陆续宣布放弃议定汇率，废除中心汇率及上下限，改由5家指定银行按照市场供求状况逐日会商决定汇率，每日汇率调整幅度不超过前一营业日汇率中间价上下各1%。1981年8月，一次性贬值4.63%（由一美元兑换36.24元调整为38元），交易价格幅度扩大为不超过前一营业日中间价上下各2.25%。1982年9月1日，台湾“中央银行”宣布新的汇率决定机制，将外汇交易中心前一营业日银行间外汇加权平均汇率作为当日美元中心汇率，同时采取银行与顾客交易议价制度。1989年4月3日，台湾“中央银行”废止加权平均中心汇率制度，实现了汇率完全自由化。

3. 银行业务自由化

为降低银行经营风险，保证存款人权益，台湾当局长期以来对银行实施了两种经营限制。一是根据存贷期限划分银行类型。如商业银行以接受支票存款、提供短期信用为主，储蓄银行以接受存贷和发行金融债、提供中长期信用为主。二是将票据、证券、信托业务与银行存贷款业务分离。20世纪80年代后期，银行业务范围管制开始放松。1988年5月允许银行成立信托部，1990年4月允许外资银行成立储蓄部和信托部，1991 年 11 月放开民营银行准入，1992 年 5 月放开银行经营短期票据业务管制。自此，银行分业经营的屏障已经被打破，银行开始向综合经营方向发展。

在推进金融自由化的过程中，银行间竞争日趋激烈，银行进入“战国时代”。面对“适者生存”的严峻挑战，银行再不能像过去那样养尊处优、坐等客户上门，必须加快转型。

二、台湾银行转型的过程

（一）放开市场准入管制，允许民营资本进入银行业

1989 年台湾修订《银行法》，除了放开利率管制以外，还对民营资本开放了银行准入。开放之初，台湾当局本来只打算发放少数几张牌照，为此将资本门槛提高到 100 亿元新台币。但是当时正值社会资金泛滥、股市火爆之际，筹措资本金并不困难，即便有高额资本金要求，仍有 19 件申请。台湾“财政部”在争议之中，批准了 16 家民营银行设立。由于台湾金融市场狭小，新银行成立后，为争取客户，一方面提高存款利率、降低贷款利率，导致存贷利差缩小；另一方面，民营银行采取积极主动的服务态度、更加灵活的经营方式和更好的服务参与市场竞争，有效提升了市场效率。民营银行的出现，改变了台湾金融业的生态环境，给传统银行带来巨大的竞争压力。如何才能在巨大的压力下生存发展，成为每一家银行的头等大事。在压力之下，银行开始转变过去高高在上的经营方式，关注客户需求，朝着更加专业、更有技巧、更快的服务速度、更加了解客户和努力降低成本的方向转变。为此，银行一方面努力拓展业务渠道和业务领域，走向综合经营；另一方面由于岛内市场狭小，台湾银行越来越关注国际市场，

开始了积极“走出去”的过程。

（二）推进公营银行民营化，改进公司治理

台湾的公营银行类似于大陆的国有银行。在1998年《银行法》修订之前，银行必须是公营性质（极少数特定目的的银行除外）。由于预算编制须经议会通过，并受到《预算法》《公务员法》《行政法》等制约，使得银行经营方针趋于保守。贷款只看有无抵押品而不管企业经营状况。加之资产雄厚，经营网点遍布各地，形成市场垄断，导致效率和服务质量均不高。

为推动银行转型，台湾当局推动公营银行民营化，向民间资本大规模出让股权。并通过设定购买上限的方式，使释放出去的股权尽可能分散化。1998年年初，三家主要公营银行民营化（以公股比例小于49%为标准）。此后台湾中小企业银行、台湾土地开发信托、中国农民银行、交通银行、高雄银行、台北银行等相继在1999年年底以前完成民营化。至2004年，台湾公营银行的民营化才告一段落。1990年以前，台湾共有22家“国有”银行业金融机构（包括20家银行、“中央信托局”和邮政储金汇业局）。截至2014年，台湾41家银行业法人机构中，“官有官治”银行3家（台湾银行、中国输出入银行、台湾土地银行，政府100%持股）、“官民共有·官治”银行4家（政府持股25%~40%，政府控制）、“官民共有·民治”2家（政府持股比重低于20%，市场化运营）、地方政府银行1家、民营银行24家，外资银行子行5家。

尽管公股被大量稀释和感受到竞争压力，但因文化和原有制度、员工结构、素质的改变并非一朝一夕之事，民营化公股银行提升经营效率的过程仍比较漫长。由图3-1可见，在台湾银行体系中，官股银

行仍占有50%左右的市场份额。

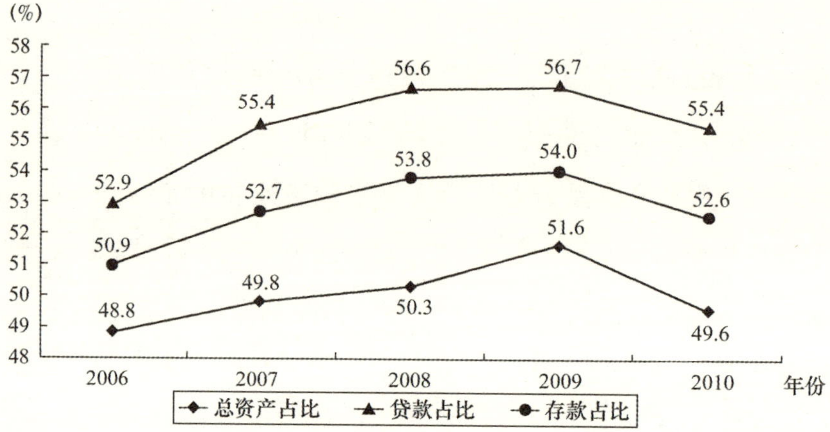

图3-1 台湾官股银行在银行体系中的占比

资料来源：沈中华著：《台湾的故事——银行与金控的成长、衰退与再崛起》，台湾金融研训院出版。

（三）大规模并购及设立金融控股公司

1989年以后，随着16家民营银行设立和为数众多的信托公司、信用合作社改制为银行，商业银行的数量快速增加。大街小巷遍布金融机构，出现了市场过度竞争。1995年7月~1996年9月，台湾相继出现信用合作社挤兑事件。发生挤兑的信用合作社10家，农会信用部27家，同时期三家中小企业银行也发生了挤兑危机。1997年亚洲金融危机爆发后的第二年，台湾也发生了金融风暴，股市受到重创，银行不良贷款急剧上升，不良率最高攀升至8.16%。这些事件促成了台湾的第一次金融改革。这一次改革的主要内容是修订《银行法》，出台《金融机构合并法》和《金融控股公司法》等所谓“金融六法”。修订后的《银行法》建立了银行退出机制，《金融机构合并法》鼓励金融机构之间并购，并对银行合并采取了税收优惠，如合并过程中的印花税和契税一律免征，土地增值税可有条件减免，合并后相关费用可用10年摊销，因合并出售不良资产的损失可在15年内分摊（不合并则须在5年内摊销）等。由于大幅降低了收购方的成本，银行并购动力增强。2000年银行数量达到峰值的53家，而到2008年，由于并购和政府接管问题金融机构，银行数量已经减少至37家。

在同一时期，为了追求规模经济效益，提高运用资本能力，增强竞争力，在2001年11月颁布《金融控股公司法》后，台湾金融界出现了一股金控公司热。在三年多的时间里，台湾就设立了14家金融控股公司，目前台湾共有16家金控公司。

（四）金融监管架构配套改革

1989年以后，台湾进入金融开放期。除了银行不再是公营专营以外，金融机构种类和数量都在不断增加。包括保险公司、票据公司、证券投资信托公司、证券投资顾问公司、期货公司、证券金融公司等等。如前所述，由于发展过快竞争过度，金融监管制度并未随着金融自由化的推进而强化，加上亚洲金融危机的冲击，导致台湾金融体系失衡，金融市场出现动荡。在反思金融自由化过程中的不足之后，台湾当局加快了金融监管架构的配套改革。

1. 调整完善金融监管的法律体系

台湾金融监管法律体系包括三十多项法律，三百多个法规，超过一千的行政规则。其中与金融监管直接相关的法律包括：《证券交易法》《银行法》《保险法》《期货交易法》《证券投资信托及顾问法》《信托业法》《金融控股公司法》《信用合作社法》《金融机构合并法》《存款保险条例》《行政院金融重建基金设置及管理条例》《票券金融管理法》《金融资产证券化条例》《不动产证券化条例》《电子票证发行条例》《金融消费者保护法》等。此外还有一些相关法律，如《公司法》《中央银行法》《管理外汇条例》《反洗钱法》《出入境移民法》等等。

台湾金融监管法律法规主要有五个特点。

一是对金融机构准入采取许可制度，凡设立金融机构和从事金融业务，必须依法取得营业许可证。未经许可从事金融业务或类金融业务者，可处3~10年有期徒刑。

二是金融商品准入原则上采用正面清单方式，但对金融创新和普惠金融的特定类别的新产品，在系统性风险可控的前提下采用负面清单原则。而且近年来正面清单审批项目逐渐减少，负面清单项目逐渐增加。

三是金融机构与产业之间采取分割原则。金融机构投资应以金融相关领域为主，如果投资于非相关领域，则不得参与经营活动。

四是原则上放开金融跨业经营，但对跨业营销业务提出了隔离风险的基本要求。

五是对不同类型的金融机构，根据财务业务状况、风险管理水平、内控能力和守法程度，实行差异化管理。

2. 改革金融监管架构

早期台湾金融监管职责是由“财政部”负责的。1961年台湾“央行”恢复以后，“财政部”先以行政授权的方式委托“央行”承担金融监管事务，此后又经立法程序正式授以“央行”金融检查权。“央行”则成立“金融业务检查处”，配合“财政部”对全部金融机构行使检察职能。1985年1月，《存款保险条例》发布。同年9月，按照该条例，由“财政部”会同“央行”，联合其他5家主要银行共同出资，以股份有限公司形式成立“中央存款保险公司”（简称“存保公司”）并隶属于“财政部”。“存保公司”成立以后，为保障存款人利益、维护信用秩序，被授权协助“财政部”实施金融检查和监督的权力。台湾形成了三足鼎立的金融监管架构：“财政部”负责监管1991年以前设立的银行、信托公司、外资银行分行、保险公司、证券公司等；“央行”负责监管1991年以前设立的、不属“财政部”和存保公司监管的银行、信托公司、外资银行分行、邮政储金局、票券金融公司等；存保公司负责监管参加存款保险的基层金融机构。

随着金融自由化的推进，台湾金融环境发生重大变化，强化金融监管的重要性凸显。特别是金控公司的设立，打破了传统分业经营的传统，对原有多元化监管体制带来严峻挑战。自1999年起，台湾开始研究和推动金融监管的一体化。2004年7月1日，在“财政部”金融局的基础上，台湾金融监督管理委员会（简称“金管会”）正式组建，“央行”则的60名金融监管人员被调入金管会。金管会成立以后，金融监管职能由“财政部”和“央行”转移至金管会，“央行”金融业务检查处不再对一般金融业务实施现场检查，但银行仍有义务将财务、业务状况和重大事项继续向“央行”报告。“央行”的金融监管工作重心转向与“央行”有关事项的专项检查、场外监控（报表稽核）和金融稳定评估三个方面。

3. 处置问题金融机构

金融自由化加剧了金融机构之间的竞争，加上监管和自控机制建设没有跟上，一些经营不善的金融机构的问题在20世纪80年代中后期逐渐暴露，影响了金融稳定。为处置金融风险，台湾借鉴美、日、韩国经验，以公共资金注资的方式，建立“金融重建基金”制度。2001年7月，《行政院金融重建基金设置与管理条例》正式实施。该基金成立之初规模为1400亿元，资金来源为政府预算拨款、2002年1月起十年内调高存款保险费率增加部分的收入、处置不良资产收入等。

金融重建基金的运作方式为：由金融监管机构接管问题银行，交由存保公司管理，在适当的时候公开招标出售给中标机构。在这个过程中，由存保公司提供存款人保障，由金融重建基金提供接管所需要的资金。截至2011年年末，金融重建基金共处理了56家经营不善的金融机构（含38家农渔会信用部、9家信用合作社、2家信托投资公司和7家银行）。根据制度设计时的规定，由于存款保险费十年注入期已满，该基金于2011年12月31日终止运行。

三、台湾银行业转型的经验与启示

（一）银行转型需要合适的外部条件

历史地看，银行转型从来就少有主动的案例。只有在外部环境变化到“不转型就无法生存”的情况下，银行高层才会真正有动力推动转型。台湾推行金融自由化以后，市场准入管制、价格管制、业务管制均被放开，银行竞争压力急剧加大，传统经营模式已经难以为继，由此推动银行进入转型阶段。从台湾经验来看，银行转型的外部条件主要有三个。

1. 适度放开市场准入管制和竞争限制

放开管制的目的，是让市场竞争机制更好地发挥作用，用竞争来提升金融业的服务效率。但是台湾经验也证明，银行准入管制的放开不宜过快过猛，否则容易导致过度竞争，对金融秩序带来过大冲击。台湾在一次性放开16家民营银行后，不久就遭遇银行风险。在20世纪90年代，问题银行曾经给监管机构带来巨大困扰。当然，一味限制银行数量也会影响市场功能的发挥，关键是如何在效率和稳健之间取得平衡。

2. 推进"国有银行"的体制改革

"国有银行"由于承担政策性职能、受到行政干预、体制僵化等因素的影响，效率普遍低于民营银行。加之历史因素造成"国有银行"在金融体系中占比过高，影响了整个体系的效率。因此，"国有银行"改制势在必行。但是台湾经验也证明，"国有银行"体制改革并非简单释放"国有股权"就可以实现，还需要推进经营理念和运行机制的变革，而这并非一朝一夕能够完成。此外，出于战略和"国家利益"的考虑，还有必要保留一定比例的国有控股银行（例如台湾银行、土地银行和中国输出入银行并未民营化）。总之，不论是"国有银行"改革的时机、成本，还是未来面对的竞争问题，都需要决策者慎思慎行。

3. 有效的市场退出机制

随着环境的改变和竞争的加剧，势必会有一部分银行在竞争中失败。对于问题银行，事先应有市场化处置安排，否则不仅"优胜劣汰"的市场机制无法发挥作用，还会造成"劣币驱逐良币"的不良后果。台湾因曾经经历过一波问题银行风险集中爆发的阶段，其设立"金融重建基金制度"、整顿问题银行的接管机制、问题银行处置后公开拍卖的做法值得大陆借鉴。

（二）银行转型需金融监管体制转型的配合

台湾在20世纪60～70年代期间，实行的是金融压制政策，将金融体系至于严格监管之下。虽然保持了金融稳定，却牺牲了金融效率和金融发展。20世纪80年代起，台湾开始推动经济和金融的自由化。80年代末期和90年代初期，更是大幅度开放金融业务和金融机构准入，尽管有效提升了金融业的竞争能力，但因监管制度未能配合金融市场和业务开放进行调整，导致90年代中后期出现中小银行、信托投资公司和信用合作社的挤兑、倒闭或不良率急升的问题，严重影响了金融稳定。事后台湾学者反思，金融市场开放顺序本应是首先健全金融监管机制，再逐步实行“国有”银行民营化，再开放市场准入。但是台湾的实施步骤却恰好相反，先允许民营资本和外资大批设立民营银行，故难以避免对金融秩序和金融体系的稳定带来冲击。

在金融风险暴露之后，台湾监管部门采取了一系列强化监管的措施，包括合并金融监管相关政府部门，成立金融监理委员会，变多元监管为统一监管；强化资本充足率要求，两年内将金融机构不良贷款率降到5%以下，资本充足率提高到8%以上；加大修法力度，出台《金融控股公司法》《金融重建基金条例》《存款保险条例》《资产证券化法》《企业并购法》，同时修订了《银行法》《保险法》《营业税法》等多项相关法律法规。需要指出的是，如此之大的立法修法工作量，大体上是在2~3年内完成的，表明了台湾对金融法律体系建设的重视程度。这些措施，提升了台湾金融体系和金融市场的稳健性。

另一方面，台湾加强金融监管的措施，虽然有利于金融稳定，却是以提高金融机构合规成本、影响金融创新和金融发展为代价的。金融监管政策如何在金融稳定和金融发展、金融风险与金融效率之间取得平衡，不仅是台湾监管当局面对的挑战，也是大陆监管部门应当重视和思考的问题。

（三）须提前准备应对银行转型过程中出现的风险

众多国家和地区的经验教训表明，在金融市场化过程中，不可忽视风险因素。例如美国利率市场化过程中由于未能妥善处理住房金融机构，导致大量储贷协会倒闭；日本对中小金融机构实施的过度保护，成为贷款快速上升、楼市股市泡沫的重要因素。从台湾的情况看，受金融监管未能与金融自由化同步、银行过度竞争、政治力量干预等因素影响，导致关联交易盛行，银行内控机制薄弱，不良率急剧攀升。以致在1995年前后爆发中小金融机构挤兑危机、2000~2001年银行全行业经营业绩恶化、2005~2006年爆发信用卡危机。这些危机对台湾金融市场和业界带来巨大冲击，影响了金融稳定。台湾当局被迫紧急推出金融改革，建立健全存款保险机制、市场退出机制，并支持银行积极核销坏账和提高拨备覆盖率，设置金融重建基金加快问题金融机构的重整等。当前，中国大陆的金融市场化程度大体处于台湾地区20世纪90年代初期的水平，面对可能出现的金融风险，有必要参考台湾成功经验，尽早加以准备。

执笔人：张承惠

分报告四

国际金融危机之后美国等地金融改革法案及其对银行业的影响

美国次贷危机暴露出监管体制存在严重问题，对全球金融秩序产生了深刻影响。研究分析美国等地应对危机所采取的改革措施及其影响，对于我国具有借鉴意义。

次贷危机是美国金融监管理念及其监管规则与现实不相适应的结果。其中，突出表现为对高风险产品监管不足、对不公平交易监督缺失，促使系统性风险在较短时间内集聚放大。美国次贷危机波及全球，引起各国高度警惕。随着美国推出金融改革措施，一些国家也推进金融改革。金融危机对相关国家的立法机构和政府产生很大思想冲击，推动了监管理念转变，促使监管框架和监管规则做出较大调整，对金融市场产生较大影响。

为此，有必要结合监管理念变化，分析美国等应对金融危机的法案及其影响。

一、次贷危机前的监管理念变化及其根源

不可否认，次贷危机的酝酿、爆发是美国金融监管体制调整的结果。在危机爆发之前的8年里，美国金融监管发生较大调整，对推动系统性风险集聚的微观基础重视不足，对场外金融衍生品等高风险产品监管缺失，此外欺诈交易、信息误导、掠夺性贷款等侵害金融消费者利益的行为成为生财之道。从发展过程看，美国金融监管体制的调整源自于监管理念的关键转变，而这种理念转变有其深刻的历史原因，其教训值得重视。

（一）危机之前美国金融监管理念变化

1.《格拉斯－斯蒂格尔法案》的监管理念及其影响

美国金融业有长期分业经营历史。1933年的《格拉斯－斯蒂格尔法案》（Glass-Steagall Act）对此做出严格规定。例如限制商业银行从事交易股票和证券业务，禁止商业银行关联企业以证券业务为主业，禁止证券公司从事银行业务等。这种做法旨在隔离商业银行与证券业之间风险。这意味着自1933年开始，美国进入分业经营时代。这种格局一直延续到1999年，即《金融服务现代化法》（Gramm-Leach-Bliley Act）出台导致美国金融业开始混业经营。

《格拉斯－斯蒂格尔法案》是美国应对1929年爆发的银行业危机的重要措施。该法案监管理念是商业银行事关金融体系稳定性，不应从事高风险的证券业务，为此有必要在两者之间设立防火墙，同时为商业银行提供存款保险。例如该法案第16节禁止美联储的成员银行以自有账户购买证券，第16节和21节禁止储蓄机构从事投行业务。同

时，该法案允许商业银行为客户代理买卖证券等中间业务，但银行赚取的利润有限。

由于金融交易的高风险与高收益一体两面，禁止银行自营高风险业务意味着银行失去高收益的经营机会，对银行机构而言此规定十分严厉，这也为日后银行利益集团游说国会埋下伏笔。另一方面，由于严格限制银行与证券的混业经营，使得证券业的高风险对银行体系冲击有限，同时避免了银行资金推动证券领域的高风险产品大规模膨胀，这些正是日后次贷危机的触发和推动因素。

2. 金融业的利益需求

到了20世纪90年代，资本市场成为重要投融资渠道，美国商业银行业务结构发生很大变化，传统存贷款业务收益所占比重大幅下降，中间业务比重上升，急需从新的领域拓展盈利来源。事实上，诸多商业银行已经通过银行控股公司方式实际进入资本市场，混业经营成为趋势。其根本动力在于，混业经营可以实现银行与证券、保险等行业优势互补，从而获得更大利益。但是，在《格拉斯－斯蒂格尔法案》废除之前，混业经营活动缺乏法律依据，导致相关的金融案件难以裁量，在法院久拖不决。这就意味着金融业的利益需求面临障碍。

3. 金融监管理念的转变

在混业经营既成事实之后，监管规则与金融业务之间的冲突显性化，或者说监管规则显得滞后于金融业发展现状。混业经营带动的另一趋势是金融业的兼并之风日盛，金融业做大做强的动力来自规模效应和内部化交易降低成本。在金融行业快速发展之际，业内废除《格拉斯－斯蒂格尔法案》的呼声与日俱增。由于分业经营的法律仍然还有效，混业经营事实上被限制在一定范围，会导致系统性风险的负面效应并未充分呈现，但提高收益的正面诱惑很大。在此局面推动下，美国的金融监管理念发生重要转变，即金融监管从安全优先转向提高竞争力优先。其中潜在的问题是，这种理念转变以假定金融体系安全的格局可以长期稳定维持为前提。但事实上，正是这种转变破坏了安全稳定的基础，即必须阻断高风险业务对其他业务的风险传染，更不能鼓励两类业务相互刺激膨胀。

（二）监管体制变化与危机酿成

1. 金融服务现代化法案的主要内容

美国国会于1999年通过《金融服务现代化法案》（Gramm-Leach-Bliley Act）。该法案内容广泛，涉及银行、证券、保险的混业经营，以及保险监管、储贷协会控股公司、隐私信息保护、联邦住宅贷款银行现代化、社区再投资等方面内容。该法案在第一章就首先废除《格拉斯－斯蒂格尔法案》，允许混业联营；还在第二章中提出并专门阐述了著名的“功能监管”概念，但问题是法案并没有对功能监管的含义和具体内容做出充分说明，只是作为对混业经营的监管交叉问题回应，缺乏针对金融产品、机构、体系风控问题的实质性规范。

其中的关键问题是，根据该法案精神，随后《2000年商品期货现代化法案》（Commodity Futures Modernization Act of 2000）对交易所之外的场外衍生品如互换（Swap）等产品予以管辖豁免或排除，导致证券交易委员会（以下简称SEC）和商品期货交易委员会（以下简称CFTC）缺乏监管权，意味着对场外衍生品的专业监管实际上存在空白，导致在随后几年内相关业务过快膨胀，成为推动次贷危机的重要因素。

2. 对美国金融业的根本影响

《金融服务现代化法案》对美国金融业的影响巨大。

首先，其允许混业经营的条款加上巨大的利益驱动，实际上是迅速推进了混业经营发展。但实际上立法机构对混业经营可能出现的格局心中无数，认知存在空白。对跨行业产品、业务的监管机制和规则都缺乏具体有针对性的规范和限制，法案相关规定过于笼统。这为业内机构通过创新绕过监管留下巨大空间，其中典型的做法包括跨业套利、风险掩盖、高杠杆经营、垃圾资产包装、掠夺性放贷等等。这种格局导致金融业规避监管的“创新”活动几近失控，局面混乱。

其次，在高风险产品高收益驱动下，各类金融机构竞相拓展高风险的场外信用衍生品业务。这类产品不受实质监管，资本占用低，回报率很高，在经济上行阶段可以通过高杠杆经营获取很高的投资回报。由此，全球场外衍生品从2000年之后进入高速发展阶段，至危机爆发前的2007年上半年，7年间增长440%，其中互换（Swap）交易占54.5%。在全球衍生品交易中，美国市场占重要比例，2008年占40%。

最后，在提升美国金融业竞争力的同时，改变了金融行业的风险结构和收入结构。该法案本质上是为金融机构从事高风险投机活动松绑，同时在事实上默许金融机构把高风险的垃圾资产包装后高价卖给不知情的金融消费者。因此，一方面，导致金融机构的盈利来源更偏向高风险资产经营，银行业的利息收入占比不到2/3。另一方面，金融创新导致衍生品产品过分复杂，超出机构自身风控能力，导致金融机构自律能力降低，不少金融机构深陷高风险资产泥潭而盲目乐观，在危机爆发时刻措手不及。同时，金融体系的场外信用衍生品泡沫过度膨胀，风险高度积累，金融体系日趋脆弱。

到2007年上半年，全球场外金融衍生品市场合约的规模高达508万亿美元，其中仅互换类产品（Swaps）就占272万亿美元。

（三）监管理念变化的根源

就推动美国监管理念变化的因素看，除了金融业内机构推动，在外部环境中也存在三方面关键因素。

一是美国力求主导全球金融格局，这是强化美国在全球领导优势的客观需要，但事实上存在伦敦、纽约、东京三大金融中心的业务竞争，其中伦敦在不少领域占先，包括利率互换等，因而促进金融业发展成为战略需要，放松管制成为各方容易赞成的便捷途径。

二是美国的制造业空心化问题积重难返，美国的产业竞争优势离不开服务业支撑，而金融业是服务业的核心领域，故美国依赖金融业发展是大势所趋。

三是针对衍生品业务的高风险、高回报特性，当时的市场环境为金融机构收益内部化、风险外部化提供了条件。由于金融领域具有顺周期特点，在经济上行阶段，金融资产的快速膨胀掩盖了风险，但收益当期化，就为高风险垃圾资产的脱手提供了条件，金融机构可以据此而获得巨额回报。这种业务模式对金融机构形成很强的驱动力。

总之从外部环境看，国家战略、经济发展、市场环境都支持美国金融业做强做大，也为场外衍生品的高速膨胀提供了基础条件。

二、危机暴露出的根本问题

次贷危机是监管政策调整的结果，而监管政策调整过程本身反映了金融领域存在的根本问题，正是这些问题导致监管政策偏离了防范系统性风险和保护金融消费者这两个优先目标。相比较而言，澳大利亚、英国等地则避免了这一问题，相关经验教训值得借鉴。

（一）金融业机构的政策影响力过大

金融业务对监管政策高度敏感，监管政策变动往往涉及金融机构巨大利益。金融领域从业机构作为特殊利益集团，联手进行议会游说具有必然性。事实上，金融监管因利益集团游说而受阻早有先例。在20世纪80年代美国实行利率市场化时，储贷业务系统游说国会议员施压，促使监管机构允许小银行从事垃圾债券、金融衍生品高风险投资，以缓解竞争压力，为20世纪80年代末的储贷系统危机埋下隐患。华尔街投资银行和大型商业银行是场外衍生品交易的主要参与者。美国证券业与金融市场协会会员包括场外衍生品市场大型交易商和买方机构，代表成员就有关监管立法对国会和政府进行游说。CFTC曾在1997年年底提议，将多种互换交易（Swaps）认定为非法期货合约，结果招致业内机构激烈反对，最后以国会临时立法阻止CFTC告终。

（二）监管竞争导致监管尺度过于放松

场外衍生品泡沫过度膨胀，政策推动来自SEC和CFTC之间监管竞争。由于场外衍生品自1974年CFTC成立起，其法律属性就一直模糊不清，SEC与CFTC之间就监管权和监管政策问题长期争执不下，监管政策前景不明，存在较大风险。这种监管政策风险导致场外衍生品业务流向伦敦等其他金融中心。因而最终双方都不对场外衍生品实行监管具有必然性，客观上这也是金融业竞争力优先政策的必然产物。

（三）问责机制普遍缺失

根据美国国会金融危机调查委员会提出的《美国金融危机调查报告》，危机与六方面因素相关。一是金融调控和监管普遍缺失；二是许多大型金融机构公司治理、风险管理存在严重失误，问责机制缺失；三是存在过度借贷、风险投资和透明度不足的现象；四是存在大量掠夺性和欺诈性借贷；五是草率解除对场外衍生品的管制；六是监管评级失误。

这些问题都与问责机制缺失根本相关。从监管部门到金融机构乃至从业人员，普遍缺乏严格的责任追究机制。在此格局之下，金融机构的投机活动缺乏制约，必然出现严重的道德风险，通过收益个人化、风险社会化套利，机构风险集聚、放大风险，在获取个人私利的同时，推动系统性金融风险不断膨胀。与此同时，炒作低价值产品、掩饰风险、欺瞒交易对手方、市场信息披露不足、包装高风险资产等行为不一而足。其中，设计结构复杂的产品成为通用手段。

之所以出现问责机制缺失普遍化问题，根本原因还是在于金融业机构对立法、监管拥有巨大影响力，不可能作茧自缚。

三、次贷危机对美国金融监管理念的影响

在次贷危机爆发之后，布什政府财政部在2008年3月推出《现代金融监管结构蓝皮书》。时任财政部长保尔森担任过高盛公司负责人。该蓝皮书包括短、中、长三阶段方案。从方案内容看，布什政府已经意识到监管空白、监管竞争、监管协调、投资者保护等问题，也意识到功能监管不能根本解决分业监管与混业经营的体制矛盾。但无论是短期应急措施还是长期目标，其基本思路停留在应对层面，没有从系统性风险的微观基础入手解决问题。表现为对场外衍生品等高风险产品监管、对道德风险制衡等核心问题，缺乏明确具体的解决措施。这反映出，该方案并未摆脱大型金融机构的影响力，试图通过修修补补

抹平问题，实际作用有限。

奥巴马政府执政之后，财政部长盖特纳明确提出要全面改革金融监管体系，包括防范系统性风险、保护消费者和投资者利益、消除监管漏洞、促进国际监管合作。在随后国会通过的《多德－弗兰克华尔街改革和消费者保护法》（Dodd-Frank Wall Street Reform and Consumer Protection Act）中，突出防范系统性风险和消费者保护这两大重点任务，针对防范系统性风险、场外金融衍生品监管、道德风险约束、监管机构协调等问题做出严格要求，但允许分步整改到位。

总体而言，奥巴马政府的金融监管理念已经回到防控系统性风险和保护金融消费者利益的立场，其提出的成立金融稳定委员会、扩大央行权限、加强监管机构信息沟通等措施与英国、澳大利亚等地具有相似性。而这两个国家之所以顺利渡过了1997年亚洲金融危机、2008年次贷危机和2010年欧债危机的外部冲击，得益于关注系统性风险和投资者保护的“双峰监管”模式。在正反两方面事实所形成的经验教训面前，美国各界对金融危机体制根源和关键问题的认识得到相对统一。《美国金融危机调查报告》将矛头指向监管体制对金融机构重竞争轻追责。尽管出于利益立场差异，美国金融业内人员对改革措施的看法与美国政府有很大分歧，但金融机构无法否认内部风控乱象，更无法表明，如果不加强系统性金融风险防控和消费者保护，美国金融体系如何健康发展。事实上，金融业的竞争力培育必须以促进金融体系风险防控为前提，而不应在两者之间进行取舍。总之，在金融危机压力之下，金融业内机构游说国会继续给予宽松政策已不现实，加强监管促进金融稳定的政策出台有必然性。

在这一导向之下，美国的金融改革思路转向对金融监管体制进行根本调整，有以下特点。

一是把维护金融稳定置于优先位置，必须成立紧密型协调机构实体。实际上，英国、澳大利亚、欧盟都有类似机构和协调机制。其切入点是针对分业监管问题，通过监管协调、共享数据等措施完善监管体制。

二是必须以加强市场纪律为前提，规范机构行为，防范道德风险。在美国国会之后推出的改革法案中，明确表示要杜绝金融市场利益相关方对政府庇护的预期。防止金融机构以“创新”名义实现收益个人化、风险社会化，给政府制造烂摊子。

三是必须把保护投资者从口号转化为切实有效的行动。包括严格追究欺诈误导投资者的法律责任、制止掠夺性借贷等行为。

四是必须建立宏观审慎的微观基础。严格隔离限制金融机构的场外衍生品等自营高风险业务，增强交易透明度，设立交易干预机制。一方面防止风险跨行业串联，另一方面防止高风险交易的业务量失控。

这一思路从交易双方切入，从源头防控风险。虽然遭到业内金融机构的抵制，但方案从危机应对出发，兼顾标本，针对性较强，因而在国会总体顺利通过。

四、美国应对危机的金融改革法案及其影响

（一）美国金融改革法案的主要内容

美国金融改革法案总称为《多德－弗兰克华尔街改革和消费者保护法》，包括《华尔街透明度与问责法案》，由美联储前主席沃克提出，也称为沃克规则。法案主要内容包括以下七点。

1. 调整监管机构

具体包括五个方面。

一是撤销出席机构监督管理办公室，其职能分别移交给美联储、货币监理署、联邦存款保险公司。

二是在财政部之下设立联邦保险办公室，负责保险业监管。

三是在证券交易委员会中设立顾问委员会，在机构和证券产品监管、投资者保护等方面提供建议。

四是在美联储体系成立独立的消费者金融保护局，依照联邦消费者金融法，对消费者金融产品和服务进行监管，为行政执法机构。

五是成立金融稳定委员会，由财政部牵头，美联储、货币监理官、消费者金融保护局、证券交易委员会、联邦存款保险公司、商品期货交易委员会、联邦住房金融管理局、全国信用合作社管理委员会等部门负责人和各州的保险、银行、证券监督代表参与，共15人。

2. 调整监管权力

在对金融监管机构进行调整的基础上，法案同时对现有主要监管机构的监管权力行使进行协调。具体包括三个方面。

一是扩大美联储管理权限，将具有系统重要性的大型非银行金融机构纳入美联储监管范围。

二是在交叉领域赋予美联储监管协调和备用执法权力。例如，美联储对大型金融机构包括银行控股公司和非银行金融公司进行监管，可向其他主要金融监管机构书面建议启动监管行动或执行程序；若其他金融监管机构在60天内未采取行动，美联储则直接采取相关行动。

三是通过场外衍生品在SEC和CFTC双重注册解决监管竞争问题，同时要求相关的监管规则从审慎监管角度进行多方联合磋商协调，确保监管一致性、可比性，并区分证券互换和一般互换，分属两家机构监管，同时禁止期货协会、全国性证券协会进行监管。

3. 降低监管机构与大型金融机构之间的信息不对称

针对次贷危机中监管部门不掌握高风险产品交易数据、不掌握其他监管机构数据的问题，法案制定了四个对策。

一是制定了严格的交易数据上报备案制度，规定场外衍生品、对冲基金等交易数据必须及时上报，交易商要保留数据备查，提供全面、准确的审计线索，要求达到交易复原标准，每日交易记录包括交易及相关记录，含通信、电话、电子邮件、即时通信。

二是规定对冲基金等私募基金顾问原则上必须接受监管，除了顾问必须注册，私募基金必须维护交易记录并向监管机构上报数据。

三是规定交易平台等金融市场设施须及时上报、公布交易数据，并保留数据备查，同时规定衍生品交易执行机构或交易所必须进行实时监控，必要时执行应急职权如清盘、暂停交易、削减交易额、提出特殊保证金要求等措施，并每日公开详细交易信息。

四是对信用评级机构提出全面要求，从利益冲突回避、评级数据来源、评级模型公开等方面做出详细严格的要求，防止产生误导。

4. 对互换业务实行严格监管问责

除了 SEC 和 CFTC 双重注册、联合制定规则、共同解释，还采取了以下十一个措施。

一是监管机构收集发布市场信息，防止互换滥用。

二是必要时禁止外国机构参与互换交易。

三是禁止联邦政府救助互换机构。

四是实行审慎监管，禁止银行业与互换机构的无监管联合，除非符合审慎监管要求，银行控股公司或银行机构不得成为互换机构。

五是对新型互换衍生品实行严格审批，并对头寸实行监控。

六是对互换结算实行持续逐笔或逐类审查，决定是否需要清算，并监督清算所执行。

七是对客户资金实行隔离，包括对未清算互换交易中抵押品资产的隔离。

八是对互换交易的商业行为实行严格的反欺诈要求，强调信息充分披露，禁止参与方的阴谋、欺诈、操纵、误导行为。

九是要求互换交易商和参与人委任首席合规官，要求企业内部实行信息隔离，对交易人员实行审查监督。

十是对投机者实行头寸限额或问责。

十一是加强国际协调。

5. 打击内幕交易

一是禁止政府职员或任何机构及其代理人员利用非公开信息在期货、期权、互换等交易中获利，禁止盗窃非公开信息。

二是禁止利用互换欺诈。

三是对内幕举报人员实行高额奖励，金额为罚款总额的10%～30%，禁止披露举报人信息。

四是禁止雇主报复举报人员。

五是救济因举报内幕交易而蒙受经济损失的举报人，通过赔偿弥补损失，包括诉讼等费用。

6. 推进普惠金融服务

《2010年改善进入主流金融机构渠道法案》是《多德－弗兰克华尔街改革和消费者保护法》的第十二章内容，鼓励向众多未获得主流金融服务的美国公民提供适当可获得的金融产品服务，事实上就是增强金融服务的包容性、普惠性。具体包括三点。

一是财政部通过拨款、合作协议、金融代理协议、合同等长期项目来保证中低收入者以合理条件开设银行账户，满足金融需求。

二是财政部通过示范项目降低小额贷款的成本。

三是拨款建立贷款损失准备金。

7. 遏止掠夺性贷款

在《多德－弗兰克华尔街改革和消费者保护法》的第十四章中，《抵押贷款改革与反掠夺性借贷法案》结合消费者金融保护局的职权范围，明确禁止操纵性激励。

一是针对掮客操纵问题规定，贷款人不得收取第三方支付的费用。

二是禁止贷款人操纵缺乏还款能力的消费者办理抵押贷款，禁止贷款人发放具有掠夺特点（包括权益剥夺、过高费用、滥用条件等）的贷款。

三是禁止贷款人错误描述消费者信用记录或错误描述消费者担保财产评估价值，或是教唆他人错误描述。

四是对贷款利率进行限制，规定不得超出行业可比优惠利率1.5到3.5个百分点，后者为次级抵押贷款的利率浮动最高值。

五是要求详细披露住房抵押贷款的每月各项费用，提高对混合可调整利率抵押贷款的信息披露要求。

六是对高成本住宅抵押贷款的利率、第三方费用、真实折扣点、提前还贷罚金、抵押贷款额外条件等关键环节作出限制。

这些措施旨在保护中低收入人群等弱势消费者利益。

（二）主要影响

在混业经营格局下，银行业机构已经成为美国金融市场的重要交易对手方，涉及场外衍生品等诸多高风险领域，同时银行通过兼并形成规模效应成为潮流。《多德－弗兰克华尔街改革和消费者保护法》对这种高杠杆、高风险投资的商业行为进行限制，对金融业的自循环泡沫膨胀从源头上进行干预，也对银行业经营产生重要影响。具体包括两方面。

1. 限制银行业兼并

银行业大规模兼并是自由竞争马太效应的必然结果，但同时对金融体系稳定的影响日趋增大，导致“太大而不能倒”问题。限制银行业过度兼并，是防止金融体系风险失控的必然选择。具体而言，一方面，银行业兼并重组必须兼顾社区需求和金融体系风险，金融控股公司并购总资产超过100亿美元的交易受到严格管制。另一方面，金融机构的市场集中度受到严格限制，兼并之后不允许超过10%。

2. 剥离自营高风险业务

场外衍生品等业务是银行的重要利润来源，但也是系统性风险的关键源头，对金融体系稳定具有潜在威胁。法案实施以后，银行对高风险交易机构的控股比例和交易额度受到严格限制，除了基于风险对冲目的的利率和外汇互换交易业务，相关机构和业务被限期剥离；同时银行业务杠杆比例受到严格管制，并实行逆周期资本监管政策。因而一方面对银行的业务结构产生很大影响，另一方面对全球场外衍生品市场产生很大影响。根据法案规定，最迟在颁布之后三年内即2013年进行剥离。从市场情况看，场外衍生品市场的合约规模从2103年开始快速萎缩（见图4-1）。这种去杠杆化的监管压力导致银行业盈利能力下降，加上新巴塞尔协议的资本监管要求增加核心资本，以及最近几年的低利率、大宗商品价格大幅波动，一些银行因历史违规而遭到巨额罚款，导致银行业资本回报（ROE）在低位震荡。2015年为10.3%，形势稍好，但难以回到次贷危机之前12%~15%的资本收益率区间；2016年一季度情况困难，固定收益、外汇和大宗商品部门收益严重下滑。

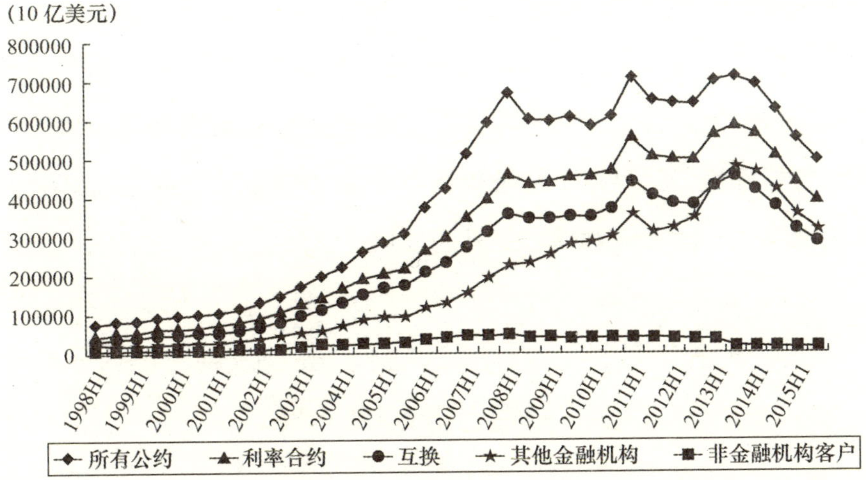

图 4－1　全球利率、权益类场外衍生品合约发展情况

资料来源：国际清算银行，http：//stats. bis. org。

（三）评价

美国《多德－弗兰克华尔街改革和消费者保护法》以系统性风险防控为导向，对之前以竞争力为导向的监管机制进行了重大调整，对稳定金融体系包括银行业发挥了重要作用，但问题并未得到根本解决。

一是投机泡沫问题仍然非常明显，目前场外衍生品合约总规模仍然偏高。

二是金融业的游说和政策影响力仍在加强，对金融业的问责机制停留在个别罚款层面，对责任人的追究流于形式。

三是美国的再工业化取得一定进展，但服务业比重仍高达 85%，金融业对经济的控制地位仍很牢固。

总体而言，美国次贷危机之后的金融监管改革对金融业过度投机、监管失控现象进行进行了有针对性的干预，起到亡羊补牢作用，可以在一定时期内对金融体系稳定起到保障作用。但与英国等地相比，美国应对监管协同问题的主要办法是扩大美联储的监管权力，而不是加强监管机构之间的合作与协同，数据共享、形势沟通、政策协调、责任分工、应急协同等关键领域仍然存在体制性障碍。这意味着金融监管协调问题并未得到根本解决，金融机构收益内部化、风险外部化的投机环境仍然存在，金融机构在未来“创新”产品进行套利的空间仍然很大。随着金融技术工具的发展，必然会出现新的问题。

五、相关国家的监管理念调整、金融改革法案及对银行业影响

从次贷危机之后20国领导人会议达成的共识看，已意识到需加强全球合作、提高透明度并实施问责制、加强审慎监管和风险管理、促进市场诚信。总体看，加强市场约束、防范系统性风险是基调，危机在客观上促进了共识形成。

（一）英国

英国在国际金融危机后启动新一轮金融改革。2009 年通过《2009 年银行法》（Banking Act 2009），明确英格兰银行的金融稳定职责和权限；2010 年通过《金融服务业法》（Financial Services Act 2010），对《2000 年金融服务与市场法》（The Financial Services and Markets Act 2000）进行补充完善，加强系统性风险监管，促进金融稳定。扩充了金融服务局（FSA）的权限，加强消费者保护，并扩大了对卖空行为的干预权限。但金融服务局集中监管的缺陷没有得到根本解决，不利于有效发挥其他监管机构的作用。2008～2011 年，财政部联手英格兰银行、金融服务局等单位先后发布了《金融稳定与存款保护：特殊解决机制》（Financial stability and depositor protection：special resolution regime)、《金融监管的新方法：判断、焦点和稳定性》（A new approach to financial regulation：judgment，focus and stability)、《金融监管新方法：建立一个更强的系统》（A New Approach to Financial Regulation：Building a Stronger System)、《金融稳定和存款保护：强化框架》(Financial stability and depositor protection：strengthening the framework)、《新的金融监管措施：改革蓝图》（A new approach to financial regulation：the blueprint for reform）等报告。这些报告认为金融服务局的集中监管导致系统性风险识别滞后，缺乏识别、监督及响应金融风险责任的牵头单位，提出了金融监管改革思路。随后的《2012 金融服务法》确定在英格兰银行理事会内部设立金融政策委员会（FPC)，负责宏观审慎监管，识别、监测和管理系统性风险；FSA 改为金融行为监管局（FCA)，直接对财政部和议会负责，推进金融消费者保护、市场诚信度和竞争性；在英格兰银行内部设立审慎监管局（PRA)，负责微观审慎监管，对金融机构进行审慎监管。英国的改革思路和方案有一定的实践基础，与澳大利亚的“双峰监管”监管模式有较大相似性，区别之处在于澳大利亚的审慎监管局独立于央行。

在伦敦银行间同业拆借利率（LIBOR）垄断操纵案曝光后，为了维护英国的国际金融中心地位，英国先后颁布了《2013 年金融服务（银行改革）法》（Financial Services（Banking Reform）Act 2013)、《2016 英格兰银行和金融服务法》(Bank of England and Financial Services Act 2016)，围绕救助实施、人员责任、银行标准（standards in banking）等制定严格规则，通过审计资金使用效率和效益完善对英格兰银行治理、问责机制；在金融机构破产环节加强对纳税人保护；加强对金融机构高管的违法追责，促进银行的多样性和竞争性。苏格兰银行成立货币政策、金融政策、审慎监管三大委员会，苏格兰银行直接通过审慎监管委员会履行审慎监管职能。

从英国改革趋势看，除了更加重视兼顾风险管理与体系竞争力，加大对金融机构乃至监管机构的责任追究是重要特色。财政部可以替换、增加、解除苏格兰银行副行长，苏格兰银行颁布、替换、修改法规也必须征得财政部同意，在审慎监管等方面财政部具有建议权、指导权，这些意味着财政部对苏格兰银行的人事、关键业务具有绝对影响力。这一点与澳大利亚有相似之处。

这些反映出，英国的监管体制改革在很大程度上借鉴了澳大利亚的经验。

从对银行业的影响看，国际金融危机和欧债危机对英国银行造成一定冲击，波及英国的北岩银行、苏格兰哈里法克斯银行、苏格兰皇家银行、劳埃德银行等机构，迫使政府提供救助。在英国推进金融改革过程中，新巴塞尔协议同时落实，对核心资本提出更高要求，这些迫使银行业收缩业务，集中主营业务，采取谨慎经营战略。从具体业务看，高风险业务隔离、限制大银行扩张、限制跨业投机、推动衍生品交易接受更全面监管等要求也正在对银行产生更强的约束作用。因而面临与美国银行业类似压力，在业务经营更趋稳健的同时，成本上升，盈利能力下降，监管压力明显增大。2012 年有 5 家英国银行因操纵同业利率、洗钱、欺诈、违规发放贷款等问题遭到英国、美国监管机构的高额罚款，从 3.4 亿美元到 21.6 亿美元不等①。

（二）欧盟

国际金融危机之后，欧盟于 2010 年通过金融监管法案，成立欧洲

① 《变革、改革中的英国银行业》，财政部财金司，财政部网站。

系统性风险委员会（ESRB）、欧洲银行业监督局（EBA）、欧洲证券与市场监督局（ESMA）、欧洲保险和养老金管理局（EIOPA）。其中ESRB负责宏观审慎监管，并向其他监管机构提出建议，但不直接干预，EBA、ESMA、EIOPA也不直接对金融机构进行干预，具体通过各国监管机构进行。欧洲金融监管法案的重要特点是将监督机制行政化，从议事转向执行，对各国金融市场约束效果增强。从运作机制看，风险监管、消费者保护也是核心宗旨。随后欧盟进一步推进改革，2013年欧洲议会决定构建欧洲银行业单一监管机制（SSM），由欧洲央行（ECB）直接监管系统重要性银行[①]及欧洲稳定基金（EFSF）或欧洲稳定机制（ESM）救助的银行，可接管中小银行并采取早期干预措施。2014年欧洲议会决定建立欧洲银行业单一处置机制（SRM），在8年内成立550亿欧元的处置基金，欧洲央行、欧盟委员会和各国机构组成单一处置委员会，有权直接处置问题银行。

总体看，欧盟作为跨国联盟，统一步伐、协调行动仍是金融监管的优先任务，其中欧盟金融业系统性风险管理的重点在于大型金融机构监管和金融机构救助，因而对银行的关键影响主要来自落实新巴塞尔协议带来的资本金、去杠杆等压力，由此产生的资本收益下降对银行经营形成考验。

（三）德国

在国际金融危机爆发之后，德国为解决金融监督不严、内部缺乏协调等问题，在欧盟金融改革框架下推进相应改革。2009年德国修改《存款担保和投资人补偿法案》（Deposit Guarantee and Investor Compen-

① 资产总额大于300亿欧元或占所属国GDP 20%以上。

sation Act，EAEG），提高存款保险额度；2013 年通过《金融稳定法》，成立金融稳定委员会（FSC）。德国央行在其中发挥牵头作用，包括递交报告建议，拥有决策否决权。此外，德国成立联邦金融市场稳定局（FMSA），计划于 2016 年升级为监管机构，从事金融机构重组；设立“稳定金融市场特别基金”救助金融机构；成立资产管理公司，剥离银行风险资产，减轻银行压力。

德国的改革侧重于风险管理，涉及风险化解、处置等环节。总体看，德国的银行体制与英美不同，尽管实行全能银行制，但由于德国资本市场融资业务不如美国发达，存贷款业务始终是德国银行的主要利润来源，比例远超过美国银行业。即使在 2008 年国际金融危机期间，德国存贷款业务也总体保持盈利，亏损主要来自国际衍生品等业务。国际金融危机后的相关改革侧重于风险化解、处置，因而对银行业的影响相对有限。

（四）澳大利亚

澳大利亚金融监管改革始于 1998 年，建立了以金融监管委员会为基础平台的监管框架，由澳大利亚中央银行、审慎监管局、证券与投资委员会这三家金融监管机构以及财政部组成，围绕金融体系稳定和消费者保护这两大目标，形成“双峰监管”模式。与英国不同[①]，澳大利亚金融监管委员会四家成员机构彼此独立。澳大利亚严格要求及时上报金融交易及相关数据，由审慎监管局负责汇集并转发其他监管机构。同时，建立针对系统性金融风险的监测分析、应急干预、复苏推动等预案。在消费者保护方面，澳大利亚要求监管机构主动及时作

① 英国的审慎监管局为中央银行的组成部门。

为，对误导、侵害消费者利益的金融产品即使不需经过审批备案，也必须积极查处。

澳大利亚金融体系较好应对了2008年国际金融危机冲击，得益于三方面的做法。首先，明确金融稳定和消费者保护的责任牵头监管机构，赋予相应决策权。其次，强制全面充分采集市场交易技术，通过计算机大数据技术高频率排查风险，监管机构技术分析人员随时相互沟通协商。最后，建立对监管机构的评估、追责机制。

从对银行业的影响看，由于澳大利亚要求银行全面上报交易数据，违规追责措施十分严厉，违规行为不仅涉及银行生存，高管人员也将被严格追究，因而违规的空间有限，且成本非常高。这些机制促使银行谨慎经营。澳大利亚的银行以及金融市场在国际上的竞争优势并不突出，但总体经营稳健。

（五）总结

与美国相比，西方相关国家应对危机的金融改革各有特点，但总体上有相通之处，主要包括四点。

一是高度重视系统性风险的防范化解工作，强化微观层面机制建设，突出抓好重点金融机构，隔离高风险业务。

二是高度重视消费者保护工作，针对欺诈、误导等违背道德行为，通过立法形成具体、可操作的消费者保护机制，政府积极有为是其中的关键，加强产品和市场交易信息管理是重要切入点。

三是要明确防范及处置系统性金融风险和保护消费者的各自责任牵头部门，赋予相应权力，能指挥其他监管机构配合开展工作。

四是政府要重视对监管绩效的评估，及时改进工作，并根据监管绩效优化机构领导人配置。

这些值得中国借鉴。

从对银行业的影响看，对银行业加强监管，必然会在稳定金融体系的同时，对银行业盈利产生负面影响，降低行业风险的同时降低行业收益，在所难免。但这对银行业的长期健康发展是有益的，也是必要的。无监管的银行创新必然最终带来系统性风险和对消费者利益的无底线侵害。

执笔人：郑醒尘

分报告五

金融“大爆炸”改革促进英国银行业转型的经验和教训

1986 年撒切尔政府推行的金融“大爆炸”改革不仅彻底改变了英国银行业、金融业甚至整个经济体系，对全球也产生了广泛影响，其遗韵至今仍能清晰感觉到。不过，对于“大爆炸”改革的最终结果有正负两方面的评价，其得失成败也众说纷纭：赞成者将今日伦敦金融城的无上地位归功于它，批评者则将 2008 年全球金融危机的根源归咎于它。也许臧否一项改革是否成功失之于简单，只有对其进行全面的剖析，并从中总结有益的经验才更有意义。2016 年恰好是金融“大爆炸”改革 30 周年，当年英国推行改革的背景与我国颇有相似之处。在此背景下，本报告拟从英国“大爆炸”促进银行业转型角度，分析此次金融改革的正面经验以及负面教训，力求勾勒出较为全面的图景，以供我国借鉴。

一、金融“大爆炸”改革的内容及影响

“大爆炸”是指 1986 年撒切尔政府以金融自由化为特征而推进的

一系列改革措施[①]，之所以称为“大爆炸”，是指短时期内采取一系列激进的改革措施。“大爆炸”改革的主要对象是伦敦证券交易所，但银行等其他金融机构也都在影响范畴之内。

“大爆炸”改革的主要内容包括五点。①取消经纪商和交易商两种职业不能互兼的规定；②实行自由的市场中介人制度，开放交易所会员资格限制；③实行证券交易代理手续费自由化，取消对证券交易最低佣金的限制；④取消非交易所成员持有交易所成员股票的限制，所有的金融机构都可以参加证券交易所的活动；⑤使用电脑和电话等电子交易方式取代过去传统的面对面议价。此外，在其他领域也出台了一些改革措施。例如，1986 年颁布了《住房协会法》，赋予住房协会直接拥有和投资住房的权利以及与其他金融机构进行竞争的权利。

30 年来，“大爆炸”改革影响深远，主要表现在以下三个方面。

1. 金融业和银行业对英国经济的贡献显著提升

通过改革，英国金融业释放了无穷活力，对英国 GDP、服务贸易出口等做出了重要贡献。根据英国国家统计局的数据，截至 2014 年年底，英国金融业总价值约为 20 万亿英镑，几乎是英国当年 GDP 的 12 倍，远远高于 1958 年的 100% 和 1978 年的 200%。在英国金融业中，银行业规模最大且占据主导地位。剔除金融衍生品资产后，英国金融业的整体规模约为 13 万亿英镑，其中银行业的资产就达约 8 万亿英镑，占比超过 60%。2014 年，金融保险业贡献了 1269 亿英镑的总增加值（GVA）[②]，

① 这里是对“大爆炸”改革通常的理解。还有人认为英国存在两次“大爆炸”改革，除了 1986 年改革以外，还有 1997 年开始的以监管体系改革为核心的第二次金融“大爆炸”，这两次改革共同奠定了英国金融业繁荣的坚实基础。本部分重点讨论第一次大爆炸，监管改革不在重点讨论之列。

② GVA 指 gross value added，是一个估计 GDP 的重要方法。GDP 和 GVA 的区别可以用一条公式来表达：GVA - 生产的税收 - 生产的补贴 = GDP。

占英国总 GVA 的 8.0%（见图 5-1）。多年来，金融服务出口已构成英国服务贸易盈余的重要来源。在 1986 年“大爆炸”改革 25 年后（即 2011 年），英国金融业的服务贸易盈余增加了 2.5 倍[①]。

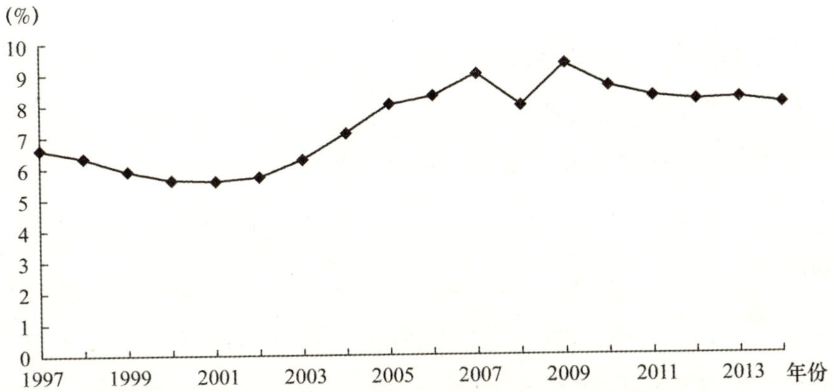

图 5-1　1997～2014 年英国金融保险业对 GVA 的贡献度

2. “大爆炸”改革使伦敦金融城恢复成为全球首屈一指的国际金融中心

改革前，伦敦金融城的地位岌岌可危，改革后，其竞争力显著提升，如今已重新跻身于全球最重要的金融中心之列。伦敦金融城是世界上最大的国际银行贷款来源之一，跨国贷款占全球总额的 19%；是世界上最大的外汇市场，日交易量占全球的 35.8%；是世界上最重要的场外衍生品交易市场，2007 年占全球交易量的 43%；国际债券占全球交易量的 70% 以上；吸引了 2/3 的世界顶级律师事务所，包括 200 多家外国律师事务所；聚集了超过 1/3 的《财富》500 强公司的欧洲总部，以及几乎所有主要国际银行和金融机构的办事处、分支机构或总部[②]。伦敦金融城不仅是英国经济单一的、最重要的元素，而且对

① http：//www. cityam. com/article/thatcher-changed-city-forever-big-bang-isn-t-whole-story。

② 资料来源：https：//www. cityoflondon. gov. uk/business/support-promotion-and-advice/promoting-the-city-internationally/city-china/about/Pages/key-facts. aspx。

欧盟以及全球影响深远。根据相关研究，2006年伦敦金融城产出占欧盟金融活动总产出的比重高达41%；如果伦敦不再是国际金融中心，英国的GDP估计会下降1.8%，相应地，欧洲金融服务的成本估计会提高16%①。

3. “大爆炸”推动英国银行业开启了向综合经营的转型之路，并产生广泛的国际示范效果

20世纪80年代之前，英国的商业银行、住房协会、股票经纪人、保险公司等机构只在各自传统的经营范围内发挥功能、开展交易，即所谓的分业经营。1986年改革首次允许银行和其他金融机构能够购买经纪人（公司）和做市商企业，或者他们自己也能够加入伦敦股票交易所，由此踏上了从“分业”到“混业”之路。银行开始提供包括证券业务在内的综合性金融服务，商业银行业务与投资银行业务相结合，形成了无所不包的多元化金融集团。

英国“大爆炸”改革产生了广泛的国际影响，引发了全球范围内金融自由化以及综合经营浪潮，许多国家纷纷效仿。例如英联邦国家大多仿效英国结束分业经营的体制，转而实施金融综合经营。日本更是在1997年借鉴了许多英国的经验和做法，推出了日本版的“金融大爆炸”。

二、“大爆炸”改革的经验

“大爆炸”改革之所以能够产生众多积极成效，一条至关重要的经验在于改革有的放矢，顺势而为，针对性强。具体表现在以下两个方面。

---

① 资料来源：Centre for Policy Studies，“Big Bang 20 years on：New challenges facing the financial services sector” COLLECTED ESSAYS，2006，http：//www. cps. org. uk/files/reports/original/111028101637-20061019EconomyBigBang20YearsOn. pdf。

（一）从宏观上看，针对经济、金融、技术等领域的发展顺势推行深度改革，并将以去管制为基调的金融改革作为基石之一

英国之所以推行“大爆炸”改革，有其不得不为的背景。二战后直到20世纪80年初，英国经济面临持续三十年左右的高通货膨胀、高失业率、低经济增长率状态，被一些经济学家戏称为“英国病”。其中，金融业遇到的困境最为突出。伦敦曾长期是领先的国际金融中心，但二战后地位逐渐下降，特别是面临纽约的有力竞争。在20世纪70～80年代，原本集聚在伦敦证券市场的业务渐渐流向纽约，伦敦金融中心地位受到严重威胁，1985年伦敦股票交易所的交易量只有当时排名第一的纽约股票交易所的1/13。

经过深入诊断，撒切尔政府将英国经济中存在的弊病归咎于经济结构僵化，而后者又可以进一步归咎于二战后实施的欧洲最广泛的国有化计划和严厉的政府管制。经济体制的僵化体现在金融领域，反映为严苛的金融管制。例如，在纽约股票交易所，投资银行能身兼股票经纪商、做市商和交易商三个角色，并且收取的交易佣金更为低廉；相比之下，伦敦却受制于经纪商、交易商不能兼任的规定，并只能采取固定佣金，因此吸引力不够，金融业务开始萧条冷落。诊断结果使得撒切尔政府树立了明确的改革目标，即改变僵化的经济体制，推行国有企业的私有化，并大幅放松政府管制。在这一系列的改革进程中，金融改革充当了基石作用，不仅自身需要推动“去管制”的转型，而且需要充当其他改革的破局者。

例如国企改革必须借助金融市场的力量。英国曾是国有企业最多的西方国家，在电力、煤炭、铁路、邮政、电信、石油、汽车等领域国有企业占有相当比重。国有企业低效、缺乏创新等问题是“英国病”的根源之一，1979年出任首相的铁娘子撒切尔夫人决心要大刀阔斧推行国企私有化改革。金融改革构成国企改革的重要环节，因为必须通过证券市场向私人企业和公众出售国有股，可以说证券市场的效率在相当程度上决定了国企改革的成败。由此，推动国企改革也成为“大爆炸”改革的着眼点之一。

此外，在20世纪80年代，英国还面临着技术环境的新挑战。当时计算机和通信技术已经开始发展，但伦敦还采用面对面喊价的交易方式，这种落后状况使得交易大量转向外国和场外OTC市场，进一步削弱了英国的竞争力。技术挑战由此也成为“大爆炸”改革的驱动力。相应地，采纳对使用者而言更快、更便捷、更高效而且较不容易被操纵的电子交易方式成为重要的改革内容。

可以说，在深入剖析了经济、金融、技术等领域存在的问题后，有针对性地推行明确的改革，下决心解决问题而没有任由问题恶化下去，这是“大爆炸”改革取得积极成效的重要经验。

（二）从微观上看，顺应金融综合经营趋势，实施具有自身特色的改革路径和银行控股公司模式

在英国、美国等发达国家，商业银行始终是金融体系的主角，不过，自20世纪70年代开始，商业银行的地位相对有所下降。其中一个重要原因在于各种非银行金融机构开始进入银行的传统业务领域，与银行展开激烈竞争。特别是在高通胀率影响下，股票、基金等证券产品受到热烈追捧，而在分业经营和严格管制下，银行业应对乏力，利润持续下滑，受到很大威胁。由此，突破分业经营、体制、开展综合经营成为商业银行的内在需求。另一方面，消费者对金融产品和服务的多样化需求，规模经济、范围经济、协同效应、最大化利润、最小化分散等目标的诱惑，也为商业银行突破传统的业务范围，向保险、

基金、投行、信托等领域拓展提供了动力。一言以蔽之，金融综合经营似乎已成为时代发展的必然要求。20 世纪 80 年代初，美国率先顺应这种需求，开始进行商业银行综合经营探索，比如 1982 年法案允许银行机构能够开设货币市场存款账户（这种账户与货币市场互助基金类似），授权银行开展证券承销和保险业务等。

英国商业银行业面临与美国类似的困境，美国先行一步的探索对英国更是添加了国际竞争压力。在这种背景下，英国果断顺应了银行、保险、证券等金融部门业务边界不断融合的趋势，并将打破分业经营体制、推行金融综合经营作为“大爆炸”改革在去管制之外的另外一个主基调。在这一过程中，英国并没有盲目学习其他国家的经验，而是根据自身的特点，创建了独特的改革路径和模式。具体来说有两点。

第一点是以改革伦敦交易所为核心推行综合经营。尽管商业银行占据英国金融体系的主导地位，但“大爆炸”改革并不是直接针对商业银行展开的，而是通过改革伦敦交易所而间接实现的。主要原因是，英国的分业经营模式，即商业银行和投资银行的业务隔离主要是通过伦敦证券交易所实现的，伦交所采取规范的单一会员模式，证券中间商与经纪人分别从事不同的业务等规定决定了商业银行无法从事证券交易业务。正因为如此，打破分业经营模式，也需率先从伦敦证券交易所的改革开始。“大爆炸”改革的许多内容，包括授权英国和外国金融机构申请交易所会员的资格，不再限制证券经纪人和交易商的业务范围，不再实行最低佣金模式，扩大非交易所会员并购业务的范围等，打破了商业银行业务和投资银行业务之间的藩篱，使二者之间建立起了有机联系，从而使得综合经营得以实现。

第二点是以银行控股公司模式实践综合经营。美国综合经营的具体模式是金融控股公司，即金融控股公司下属多个子公司，包括银行、保险、证券等，拥有多个法人、多块牌照、多种业务。德国则实行全能银行制。相比之下，英国在金融综合经营实践中选择了银行控股公司模式，具有控股权的母公司一般为商业银行，银行控股公司（商业银行）下属保险、证券等多个子公司，母公司不仅控股而且经营实体业务，即母公司既从事商业银行业务，又负责整个集团的管理。英国之所以选择银行控股公司模式，主要原因在于，与美国相比，英国银行业的数量相对较少（参见图5－2），大银行集中度较高，通过银行控股公司更容易实现对其他金融机构的控制，协同效应也更容易发挥出来。

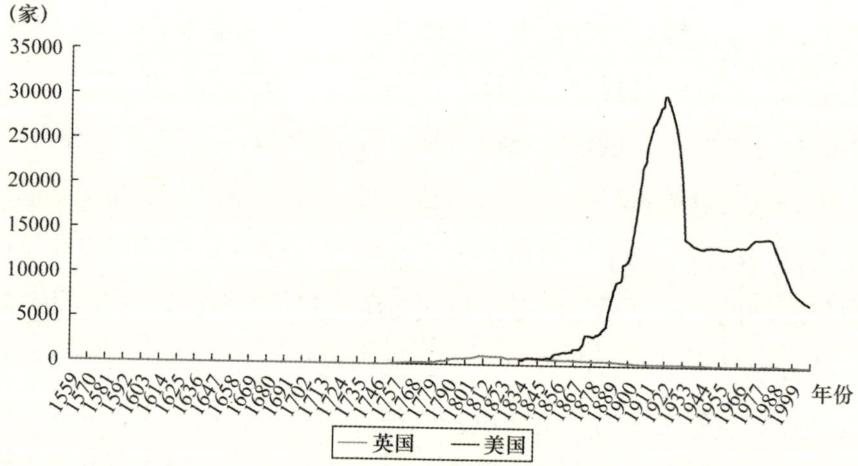

图5－2　英国和美国银行数量对比

资料来源：http：//www. historyandpolicy. org/policy-papers/papers/british-and-american-banking-in-historical-perspective-beware-of-false-prec。

三、“大爆炸”改革的教训

对英国“大爆炸”改革，不仅仅有赞美的声音，同时还伴随着很多批评的声音。尽管改革已经过去了30多年，但当前英国乃至全球经济中的许多问题仍然常被归咎于“大爆炸”改革的后续影响。批评的声音主要来自以下两个方面。一是发达的金融业引发了实体经济空心化，加速了英国制造业的衰落；二是1986年改革被认为是埋下了2008年国际金融危机的种子。此外，英国社会贫富差距拉大、不平等现象加剧等问题，也常常被与“大爆炸”改革联系起来。上述批评声音说明，1986年“大爆炸”改革除了带来许多积极效应外，还带来相当多不容回避的弊端，从改革促进银行业转型角度看，也有相当多的教训可以进行总结。下面重点强调两个教训。

（一）银行业放弃了以往稳健的经营理念，过于强调竞争和增长，发展模式建立在高风险业务基础上

理想的银行体系应该是既保持行业的整体稳定，又充满有效竞争。自19世纪下半叶以来，英国银行业整体上持续保持着稳定的名声，尽管有零星银行倒闭事件发生，但整体上经受住了两次世界大战以及大萧条的考验，没有发生系统性的银行业危机。然而，以去管制和金融综合经营为主题的“大爆炸”改革推行后，英国银行业整体上放弃了稳健经营的理念，滑向了另外一个极端，过于强调增长，过于强调竞争，整个发展模式建立在高风险基础上。

一方面，在传统存贷领域过度竞争。主要体现为住房协会的去管制进程大大加剧了其与银行在储蓄和贷款两方面的竞争程度。英国住房协会本来是解决低收入人群住房问题的互助组织，1986年实施的一系列法案，放松了对住房协会的管制，扩展了其经营范围和融资渠道，允许其开展与普通银行相同的业务。许多住房协会自此启动了“去相互制”的进程。从1989年到2000年，共有10家住房协会转变成了银行，并开始与银行在多数消费金融领域展开竞争。在竞争压力下，银行抛弃了稳健的经营理念，开始“无节制”放贷，只顾赚取一时的丰厚利润，而不顾潜在隐患与长期风险。一个最简单的例子是，在金融改革之前，银行给某一购房者的贷款最多相当其收入的2~3倍，改革后为了保持住其市场份额，类似购房者的贷款额度可以高达收入的6~7倍。

另一方面，整个银行业运营呈现一种“投资银行化”的倾向。在2008年国际金融危机期间，英国的几家大银行，例如北岩银行、苏格兰皇家银行、劳埃德银行先后被政府收购了全部或部分股权，耗费了政府巨额救助成本。追根溯源，出现问题的银行有一个共性问题，即在综合经营驱动下，放弃了以往审慎的商业银行经营模式，而代之以激进的投资银行经营模式。银行家们相信持有大量低收益的资本、准备金已经不那么必要了，相反，应该将这些资金更多使用在高回报、高风险项目上，以赢取更多的利润、支付更多奖金和红利。此外，不重视零售存款业务，大量依靠证券市场融资，短借长贷突出，杠杆率和风险头寸过高、激进的并购活动等也是非常突出的问题。英国银行业日益依赖于旗下投资银行的非利息收入，对于大银行而言，1985年，净利息收入占全部毛收入的66%左右，2004年则下降为45%；反之，净的非利息收入则从1985年的33%上升为2004年的50%[①]。表5－1总结了金融危机期间出现问题的部分银行，可以清楚地看到商业银行的投行化倾向。

（二）忽视了对消费者利益的保护

过度追求增长和利润导向的结果是对消费者利益的忽视。其中最突出的例子就是英国银行业集中爆发的支付保证保险（Payment Protection Insurance，PPI）丑闻。支付保证保险是一种保险业务，一旦借

① 资料来源：“Global Banking and Financial Markets”，SSRN。

表 5－1　　英国部分银行业问题

银行名称	金融危机前概况	金融危机中的遭遇	出问题的主要原因
北岩银行	核心业务是住房抵押贷款，拥有 158 年的历史，前身是北岩住房协会，1997 年改制为银行	2007 年 9 月 14 日爆发挤兑危机，成为 1866 年后英国首次银行挤兑风波。2008 年英国财政部对北岩银行实施 100% 国有化	资金来源中的短期资金比重过高；过分依赖证券化作为其主要资金来源，存款占比过低，缺乏相对稳定的资金来源；大量资产投资于美国次级债
苏格兰哈里法克斯银行（HBOS）	曾经是英国最大的按揭贷款人	2009 年被劳埃德 TSB 集团收购	过度依赖批发融资；过度关注资产增长和短期盈利；采用了快速的增长战略，商业房地产贷款业务过多
苏格兰皇家银行（RBS）	依靠收购，苏格兰皇家银行短时间内迅速崛起	英国政府出资 455 亿英镑救助	管理层激进、高风险的收购策略，决策失误；资本严重不足；过于依赖高风险的短期大额融资；过度投资次贷市场

款人因疾病或失业无法继续偿还贷款，保险公司将代为偿付。从 20 世纪 90 年代末该类产品开始销售，主要的渠道是银行。在实践综合经营的过程中，银行往往将信贷、储蓄、信用卡、保险等业务捆绑销售。许多客户误以为这类保险是强制保险，还有一些客户在不知情或者被误导的情况下购买了该保险。英国竞争监管委员会（Britain’s competition watchdog）经过对该产品的多年调查，发现银行界通过大规模不当销售 PPI 获得大量利润，因此对不少银行提起了法律诉讼。截至 2016 年 8 月，英国银行用于支付付款保障保险（PPI）丑闻的赔偿费用已经超过 370 亿英镑，而这一数字还会持续上升。

四、对中国的启示

（一）改革必须以坚定的意志和决心推进

对英国乃至全球影响深远的“大爆炸”改革带有明显的撒切尔夫人个人标签，正是这种坚定推进改革的决心造就了“铁娘子”的形象。虽然我国改革采取的是“渐进式”，不同于大爆炸的“激进式”改革，但行至“深水区”阶段同样需要坚强的意志和决心，在长远眼光和笃定方向指导下坚定不移地推进改革，切忌游离不定、首鼠两端。

（二）要有承受改革结果和冲击的准备，特别是对负面影响要有充分的评估

“大爆炸”改革后几年之内，许多外资机构加入竞争，英国本土证券公司毫无抵御能力，大银行的业务也受到冲击。至今外国银行在伦敦的投行业务和外币批发业务中还占据主导地位[①]。本土银行地位的相对下降换取的是整个伦敦金融城国际金融中心地位的大幅提升。这启示我们思考一个问题：如何评估改革的绩效？对改革的结果要通盘考虑和进行全局性的把握，不能局限于对局部得失的考量。改革对固有模式的冲击在所难免，不能期望通过对既有模式的机械模仿就能将改革一帆风顺地推行下去。任何改革都是一把双刃剑，既有收益也可能有风险，对于金融改革更应对它产生的负面影响有充分的预判和具体的评估，并有针对性地制定化解预案，力争改革的主动性。

---

① 在2001年的英国银行体系中，按照资产划分，英国本土银行份额为47%，其他欧洲地区的银行占26%，美国银行占9%，日本银行占4%。

（三）要始终把握改革的主线，并以之统领改革进程

综合改革总是千头万绪，任务艰巨，所以理清和把握改革的主线至关重要。从英国“大爆炸”的经验看，金融改革是综合改革的基石之一；而在金融改革中，“去管制”和“综合经营”是改革的两大主线，具体改革措施都围绕这两大主线有的放矢进行设计和推行。相比之下，我国改革千头万绪，但主线并不十分清晰。应结合我国的具体情况确定改革主线，改革主线一经确立，就应该以之统领金融部门、金融市场、金融监管等各个领域的改革进程，并心无旁骛，不受任何旁枝末节的干扰。

（四）在改革中要守住一些基本的金融底线

毋庸置疑，英国“大爆炸”改革通过抓住去管制和综合经营主线创造了英国金融业的繁盛，这其中各类金融创新发挥了核心的作用。然而，任何改革都是双刃剑，创新也不仅仅只有正的收益。英国“大爆炸”的教训提供了深刻的启示，即不论如何改革、如何创新，一些基本的底线决不能突破。这些底线包括：应在收益和风险、竞争和稳健之间保持平衡，不能过度强调某一方面而忽略另一方面；资产负债应该匹配，包括期限匹配，不能短借长贷；不能轻易放弃古老的银行业经营理念，包括对资本、准备金和存款的重视，对零售客户的尊重；要将维护和保护消费者权益放在维护和保护股东或管理层权益之上。不管是监管还是行业实践都必须坚守这些底线，只有这样，改革和创新才不是空中楼阁，金融体系才有望能实现可持续发展。

执笔人：田　辉

分报告六

日本银行业转型的经验借鉴

一、日本银行业转型的背景

（一）宏观经济背景

20世纪50年代中期到70年代初是日本经济高速增长阶段，实际增长率高达10%左右。以长期关系为基础的终身雇佣制、年功序列制、主银行制等一系列制度在这一时期得以确立，构成“日本式”经营体制的基础。此后，日本经济转入中低速增长，20世纪70～80年代平均GDP实际增长率下降至4%左右。导致经济增速由高转低的因素很多，其中之一是随着日本经济社会的成熟，以行政指导促发展的旧模式已不适应新时期发展需要，亟待进行市场化改革。

伴随着经济的繁荣和市场化改革的推进，20世纪80年代后期，日本股票和房地产价格疯狂上涨。泡沫于90年代初崩溃，继而陷入长达十年的经济萧条。90年代经济增长非常缓慢，个别年份甚至为负增长，直到2002年前后才逐渐好转。

（二）金融改革背景

第二次世界大战结束后，金融管制作为复苏日本经济的重要手段被延续下来，政府通过低利率政策及其他大量行政干预刺激投资，优先发展重点产业，拉动了经济的高速发展。但到了20世纪70年代中后期，随着国民经济增速放缓、日元升值压力上升、经济全球化趋势加快等内外形势的变化，日本开始推动金融改革。泡沫经济崩溃后，为处理不良贷款等问题，促进经济复苏，又展开了新一轮改革。

1. 资本项目开放与利率市场化

20世纪60年代中期，伴随着经常项目盈余的持续扩大，以及加入经济合作与发展组织（1964年），日本开始逐渐开放资本项目。70年代布雷顿森林体系崩溃和浮动汇率制度的建立加速了这一进程，对外金融交易逐渐以各项例外法规的形式放开，银行等金融部门不断增设海外分支机构，开展各项国际金融业务，人员的国际化流动也出现高潮。1980年，日本政府颁布了外汇管理法修正案，外汇存款和不限用途外汇贷款的自由化标志着日本在制度上实现了资本项目开放。

在资本项目开放过程中，日元国际化进程也在外界压力刺激下不断加速。80年代，随着日美之间贸易摩擦升级，美国强烈要求日元升值并协助美元发挥国际货币作用。《日美日元美元委员会报告书》《关于日元的国际化》等一系列重要文件的相继发布，使日元国际化水平不断提高，“广场协议”的签订更是迫使日元在随后一年多时间里升值52%。此后，日本通过创设离岸金融市场、对外国居民发放日元证券等一系列措施不断推进日元的国际化。1997年5月，日本重新修订了《外汇法》，至此实现了国内外资本的完全自由流动。

利率场化几乎与资本项目开放同时进行。一方面，20世纪70年代，日本经济增长速度由高转低，随着企业投资的减少，以缓解企业资金不足为目的的利率管制失去了存在的必要性。另一方面，政府为缓解财政赤字压力而发行的大量国债超出了银行等金融机构的实际认购能力，政府不得不于1977年放开了债券二级市场，并在1978年开始采用招投标的方式发行国债，市场逐渐成为决定国债利率的唯一因素。

储蓄利率方面，1985年市场利率联动型储蓄“货币市场存单”（Money Market Certificate，简称MMC，五千万日元以上）与“大额自由利率储蓄”（十亿日元以上）诞生后，自由金融利率逐渐向小额方向发展，并在1989年小额化至一千万日元[①]。1992年MMC的最低存入额限制被取消，1993年定期存款与活期存款相继自由化，日本的利率市场化进程完成。

2. 泡沫经济破灭后的金融改革

泡沫经济的崩溃导致银行业不良贷款激增，诸多银行破产，金融系统处于极度不稳定状态。1996年11月，时任日本首相桥本龙太郎提出了被称为“东京大爆炸”的金融改革方案。该方案效仿“伦敦大爆炸”制定，初衷是通过类似于休克疗法的激进式改革措施，迅速消除主银行制度的种种弊端，进一步推进金融改革，改变银行和企业的密切关系，提高银行业运营效率。1997年6月，日本当局发表了《金融体制改革计划——金融体制改革的视点》，主要内容包括：实行金融行业混业经营，建立公开、透明、严格的金融监管体系，进一步推进金融机构的国际化等。这次改革最终由于利益集团的干扰、阻挠以及外部环境的变化，并未取得预期效果。

2002年，小泉政府又提出《金融再生计划》，通过严格金融检查、促进兼并重组等方式，推动建立市场型间接金融体系。这次改革取得

---

① ［日］吉田和男著，范作申译：《金融大海啸》，生活·读书·新知三联书店1999年版，第35页。

了较好效果，2004 年银行业不良率大幅下降，基本实现了既定目标。随后，日本政府发布《金融改革计划》，指出改革重点由维护金融系统稳定转向发挥金融系统活力。2008 年金融危机爆发后，当相关国家设法加大对银行集团下商业银行与证券业务之间的门槛和监管时，日本政府为提高金融业的国际竞争力，又出台了放松管制的一系列政策。2008 年 3 月，《金融商品交易法》修正案发布，放宽了银行和保险机构在企业中的持股限制，并允许管理人员可以在同一金融集团下不同金融机构兼任职务。2009 年，日本金融厅（FSA）进一步放宽了对银行与其经营证券业务分行之间合作的监管。

二、日本银行业转型的阶段和特点

（一）日本银行业

日本近代银行体系的构建，最早可以追溯到 1872 年颁布的《国立银行条例》。此后，日本政府借鉴英国商业银行发展经验，建立了分业经营的银行管理体制。

1. 二战后的发展历程

二战结束后，日本银行业经历了从复兴、繁荣、衰落再到复苏的过程。战后一直到 1989 年金融危机爆发，日本银行业以主办银行制度为基础，依托政府强势维持的信用秩序实行“护卫船队式”管理体制，即使效益最差的银行也可以维持较好发展。20 世纪 80 年代中期，随着全球化浪潮以及日本金融改革的加快，日本银行业在不动产担保贷款、为企业海外投资贷款等业务上快速扩张，国际竞争力迅速提高并进入鼎盛时期。1990 年，英国《欧洲货币》杂志社以 1989 年结算时的广义自有资本为基础进行排名，前 10 名中有 6 家银行来自日本，包括富士银行（第1名）、第一劝业银行（第2名）、住友银行（第4名）、三菱银行（第6名）、三和银行（第9名）、兴业银行（第10名）。与此同时，银行业盲目扩张的行为也在一定程度上导致了房地产市场的异常繁荣，催生了泡沫经济。90年代泡沫经济崩溃后，伴随着经济下滑，银行业积累了大量不良贷款并进入萧条期，在国际金融市场上的地位也急转直下。从某种意义上看，泡沫经济破灭引发的大量银行坏账是促使日本银行业进行转型的导火索，此后银行业进入漫长的改革复苏阶段。

2. 银行业的分类

按照性质和经营业务的区别，日本银行业可以大体分为三大类。一类是商业银行，即民间背景的普通银行，以短期业务为主，是银行业的主要构成部分；一类是官方背景的银行，例如日本进出口银行等；还有一类是按照特殊法律设立的半官方半民间性质的银行，如主要为企业提供长期融资服务的长期信用银行、为进出口企业服务的外贸银行等。其中，商业银行按照资产规模和经营区域又可以分为三类：①城市银行，总部设立在东京或大阪，分支机构遍布全国，主要服务大企业；②地方银行，总部设在大中型城市，经营区域集中在总部所在地的都、道、府、县；③第二地方银行（1989年2月之后由交互银行转变而来）。地方银行和第二地方银行主要为当地骨干企业和中小企业提供融资服务。此外，日本还存在一些合作金融组织可以为组织内的中小企业和劳动者提供融资服务。

（二）日本银行业转型的阶段及特点

伴随着20世纪70年代以来的金融改革，日本银行业大致经历了三个阶段的转型。

1. 80 年代经济中低速增长时期的银行业转型

第二次世界大战结束后的三十多年里，以主办银行模式为运营基础的日本银行业发展稳定。所谓主办银行模式，即主办银行在银团贷款中发挥主导作用，通过持有相对较多股权影响企业治理，从而使银行和企业形成紧密联系。其中，主办银行是指对于某企业而言，为其提供贷款的银团中出资额较大、在资金筹措和运用方面联系最紧密、承担监督企业主要责任的“带头”银行。该模式体现为关系型融资制度，银行为企业提供信贷支持时，并不完全以短期利润为目标，而是将信贷行为建立在双方长期合作过程中所形成的默契与信任关系基础上，目的是在长期内能够获取经济利益，而不是在短期内获得利息收入。该模式下，法律允许银行在企业中持股，银行可以参与企业治理。主办银行与关系企业不仅存在债权、债务联系，还存在交叉持股关系，这便于银行对企业进行监督、参与和控制，也有利于企业集团的中长期融资，使战后日本经济得以迅速恢复和发展。

20 世纪 70 年代中后期，随着经济增速由高转低，企业资金需求出现下滑且筹资渠道更加多元化，金融机构之间竞争加剧，主办银行模式的平衡被打破。相关数据显示，1970 ~ 1974 年企业外部资金来源中，银行贷款占比是有价证券的 8. 8 倍；而在 1980 ~ 1984 年这一比例下降至 5. 6 倍；到 1985 ~ 1989 年这一比例进一步降至 2. 9 倍[①]。为应对竞争，银行业不得不谋求转型，这一阶段的转型主要包括三个特点。

特点一：大力发展中小企业客户

随着国际金融市场的开放和股票市场的繁荣，大企业较易获得低成本融资，不再依赖主银行模式下的银行贷款。银行为扩大贷款规模，

---

① 青木昌彦，休 · 帕特里克：《日本主银行体制》，中国金融出版社 1998 年版。

将客户目标转向大量中小企业和个人。相关数据显示，20 世纪 80 年代后日本中小企业的银行贷款急剧增长，第一劝业、富士、住友、三菱、三和等几家大银行 1975 年 3 月向中小企业融资占贷款总额的比重平均为 34.6%，1985 年 3 月上升为 52.4%，1989 年 3 月则上升为 69.84%[①]。

特点二：努力拓展海外业务

一方面，为了服务大企业“走出去”，同时顺应国际化等世界金融发展趋势，在海外积极开设分支机构、参与国际并购；另一方面，随着企业资金需求的下降，产生了大量剩余资金[②]，纷纷购买美国国债等国外投资产品。

特点三：积极推动不动产担保型融资

银行为迅速扩张业务并回避风险，将业务重点转向不动产担保融资，这是因为用加强审查监管的方法降低风险远不如用担保降低风险更省事。泡沫经济拉动土地价格上涨，土地价格上涨又进一步刺激了不动产担保融资，从而进一步加剧了泡沫经济的膨胀。到 20 世纪 90 年代初期，银行贷款中的 25%（约 116 万亿日元）直接流向了不动产和建筑部门，约 55% 也间接地与土地有关[③]。

值得注意的是，虽然这一时期银行业务模式发生了很大改变，但风险管理模式却仍然停留在主办银行体制下的粗放式管理，并未根据业务类型和客户结构变化做出相应调整。不同于大企业，中小企业生

① 高秀屏，周卫：“日本金融制度危机的原因透析及对金融结构转型的思考”，载《现代日本经济》2001 年第 2 期。

② 1985 年，家庭净储蓄已经超过国内生产总值的 10%，然而企业的净投资却只有国内生产总值的 4%，这样就产生了相当于国内生产总值 6% 的剩余资金。见吉莲·泰特著，吴谦立译：《拯救日本》，上海远东出版社 2004 年版，第 32 页。

③ ［英］吉莲·泰特著，吴谦立译：《拯救日本》，上海远东出版社 2004 年版，第 56 页。

命周期较短，发展受市场因素影响较大，发展阶段转换也比较快，但日本银行业并未重视此类风险的转换，这也为20世纪90年代的银行业危机埋下了隐患。

2. 90年代泡沫经济破灭后的银行转型

随着泡沫经济崩溃，日本金融业陷入危机。银行业主要围绕处理泡沫经济时代的遗留问题展开转型，通过改革原有业务模式提高收益。主要特点包括六个。

特点一：通过兼并重组提高竞争力

危机前，银行业兼并重组大多表现为政府干预下的大银行救助小银行，带有浓郁的行政色彩。危机后则是为了解决不良贷款等问题，增强自身抵御风险能力，同时应对国际国内竞争。这一阶段的银行兼并主要是企业自发行为，行为特征表现为重组不同业务模式金融机构、成立金融控股集团等，更加强调互补性，很多银行借重组走出危机，恢复信用。1996年4月，东京银行与三菱银行合并成立东京三菱银行；1999年8月，第一劝业银行、富士银行、日本兴业银行合并为日本瑞穗金融集团；1999年10月，住友银行、樱花银行合并为三井住友金融集团；2004年，三菱东京金融集团与日联控股集团再次合并，日本银行业由此形成了三足鼎立的竞争新格局。在三大银团形成的同时，170家地方银行停止营业被淘汰出局，银行总数从1994年的1000家减少到2003年的668家[①]。

特点二：继续深化混业经营模式

随着新《银行法》等法律法规对银行业经营证券、保险、信托等业务的放开，日本银行业混业经营模式进一步深化。不同于英美银行

① 张季风：《挣脱萧条：1996～2006年的日本经济》，社会科学文献出版社2006年版，第164页。

业“防火墙”式的经营模式，日本大银行的混业经营模式表现为各分支机构均可交叉开展银行、证券、信托等多项业务。危机后，大银行通过整合集团内各类金融业务，充分发挥综合性金融集团优势，提供多样化产品和服务。

特点三：发展中间业务优化收入结构

在净利差缩小背景下，银行更加注重中间业务的发展，从资金量即规模的竞争转向收入竞争。与此同时，区别于泡沫经济时代对贷款规模的盲目追求，在此阶段银行更加注重贷款质量即贷款回报率。

特点四：更加重视拓展海外市场

银行在国际化进程中，更加注重与国际金融机构的合作。除日本长期信用银行被美国投资机构兼并外，其他大型银行大多采取合资建立子公司等方式，这样既可以学到国外先进的经营理念和经验，又可以保持业务的自主性。

特点五：改革公司治理结构

泡沫经济时代，日本银行业与其他企业一样，股东监督权力薄弱，这是日本型经营体系的通病。危机后，银行业开始强化董事会作用，采取了减少按照论资排辈增加的董事会人数、聘用公司外专业人士担任监督工作等措施。

特点六：重视风险管理能力建设

危机使银行普遍认识到，依靠不动产担保的消极方法并不能化解风险，努力提高风险管理能力才是正路。在引入自纠机制处置不良资产的同时，加快完善贷前审查制度，合理评估融资企业风险，并通过金融产品创新分散风险。

3. 安倍时期的银行业转型

近年来，安倍晋三上台后实施的宽松货币政策、灵活财政政策以及调结构为主的产业政策等并未对日本经济复苏产生实质性作用，面对国内经济不振、有效需求不足、息差收紧、汇率下跌等压力，日本银行业的发展呈现出一些新趋势。

趋势一：在重点区域继续推进海外业务扩张

面对国内经济疲软的压力，日本银行继续布局海外市场，寻求新的增长点。2015 日本财年（2015 年 4 月 ~2016 年 3 月），大型银行海外贷款同比增加约一成（约 800 亿美元），地方银行同比增加约两成（约 40 亿美元）。在这一轮海外业务拓展中，一方面，日本大型银行开始在发展中国家布局，区域主要集中在东南亚新兴市场及北美等。例如，2014 年三井住友控股柬埔寨阿克莱达银行，三菱东京 UFJ 收购泰国大城银行等。另一方面，加强与国际金融机构和中小银行的合作，因地制宜，通过与当地政府紧密合作，为日资企业提供更多便利和支持。

趋势二：地方银行兼并增多

如果说 20 世纪日本银行业兼并重组以大银行为主导，那么近年来则更多地表现为地方银行即中小银行兼并的新趋势。面对持续性的产业转移、人口减少、资金流出等宏观环境，地方银行面临的经营压力不断增加。通过重组可以进行资本整合，抱团取暖提高综合实力，避免发生危机。近年来已有多家银行实施合并重组相关改革。例如，2015 年肥后银行和鹿儿岛银行合并成立九州金融集团，2016 年日本最大的地方银行横滨银行与东日本银行合并成立 Concordia 金融集团，大正银行和 Tomony 控股宣布合并等。

趋势三：推行轻资本综合化经营战略

面对宏观审慎的全球银行业监管框架，以及净利润下滑的压力，日本大银行选择了轻资本化的改革战略，通过有机融合不同金融类业务，增加非利息收入。三菱东京UFJ银行甚至提出要形成完全不消耗资本的全新商业模式，针对有资金需求的企业组合并销售证券化商品，实际资金从他行或机构投资人筹集，不仅能够满足企业资金需求，还可以在不占用自身资本的同时赚取手续费。瑞穗银行提出“脱银行化”构想，要把分散在集团内的资产运用业务和智库功能集约化管理，将其培育成新的主要收益来源①。

趋势四：重视初创企业客户，培育潜在需求

近年来，一些大型银行将客户拓展重点放在中小企业特别是一些有成长潜力的初创企业客户上，布局领域包括机器人、生物医药、IT技术等产业。银行对这类企业的支持除了提供资金支持外，还包括为其介绍大商社、大企业及本集团证券公司等，通过在企业成长初期的深度介入，分享企业未来成长的红利。

三、日本银行业转型的效果分析

经过多年改革，日本银行业在国际化程度、业务结构等方面取得一定成效，但转型过程中也存在一些问题和隐患。

（一）主要成效

日本银行业在国际化程度、业务结构等方面取得了一定成效，特别是在泡沫经济崩溃后，通过积极谋求转型，不仅自身终于走出了危机泥潭，也提振了危机后的市场信心，促进了国内经济复苏。

1. 银行数量有所减少，资产质量趋于稳定

20世纪90年代金融危机后，日本银行业转型的一大特点就是兼

① 王哲：“日本银行业转型实践及启示”，载《中国银行业》2016年第8期。

并重组。经过多年业务整合，日本银行业数量呈现下降趋势，由2000年的136家减少至2015年的116家（图6－1）。其中，城市银行变化最大，由9家减少为5家；第二地方银行由54家减少为41家；地方银行未发生变化①。

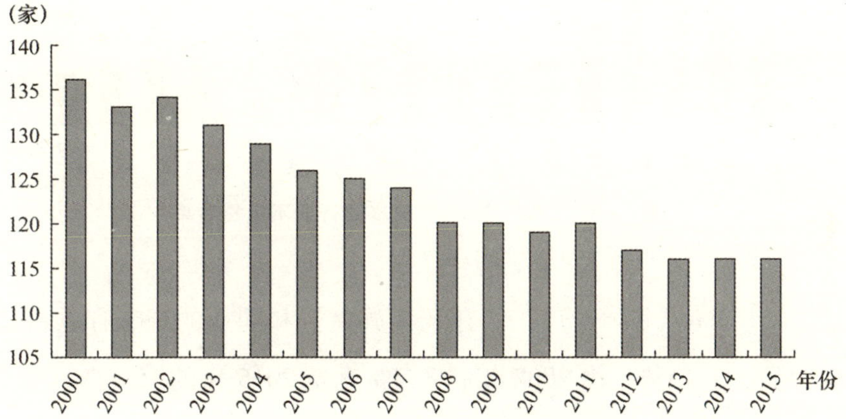

图6－1　2000～2015年日本银行数量

不良贷款问题一直是阻碍日本银行业甚至整个宏观经济复苏的主要原因之一。经过十几年来对不良贷款的反复处理，这一问题终于在2014～2015年取得突破性进展，不良贷款率由2001年的8.4%下降至2005年的1.8%。此后，资产质量一直比较稳定，2016年不良贷款率为1.47%（图6－2）。

2. 资产规模扩张不大，贷款占比持续下降

泡沫经济崩溃后，日本银行业结束了以规模扩张为标志的发展。近年来，日本银行业资产规模比较平稳，总资产数额变化不大，2015年为104万亿日元，仅比2000年增长了29.7%。但资产构成发生了变化，贷款占总资产的比重呈现持续下降趋势，由2000年的59%降至

① 本部分关于日本银行业的数据均来源于日本全国银行协会网站 http：//www.zenginkyo.or.jp/en/stats/year2－01/。

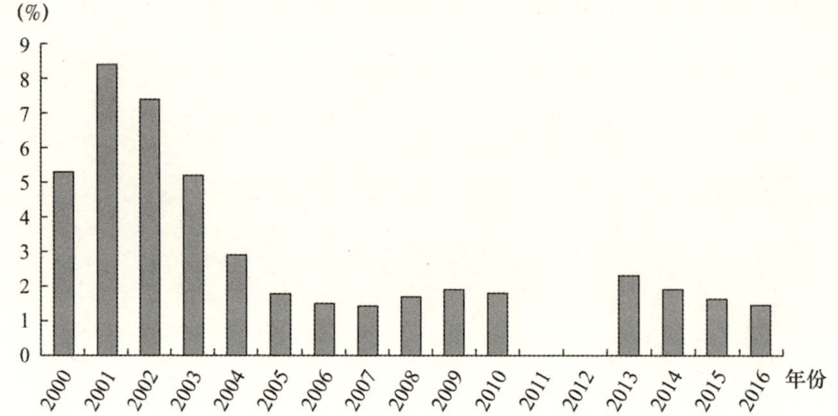

图 6－2　2000～2016 年日本银行业不良贷款率

注：2011、2012 年日本银行也不良贷款率数据缺失。

2015 的 51.5%（图 6－3）；留存及存放央行和同业的现金存款占比却呈现明显上升趋势，由 2008 年的 3.7% 升至 2015 年的 15.8%。

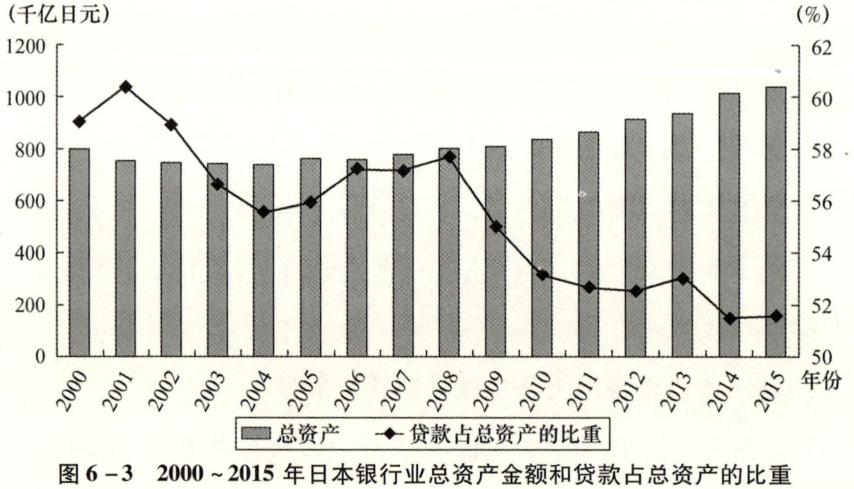

图 6－3　2000～2015 年日本银行业总资产金额和贷款占总资产的比重

3. 中间业务收入增速较快

随着贷款利率的持续下行，日本银行业净利差持续缩小，由 2000 年的 1.17% 降至 2015 年的 0.75%。净利差的缩小给银行业净利润增长带来不小压力，很多银行通过转型做大中间业务以弥补损失。2000 年以来，除 2008 年前后全球金融危机时中间业务收入出现大幅下降外，其余年份的中间业务收入均保持着较快的增长（图6－4）。

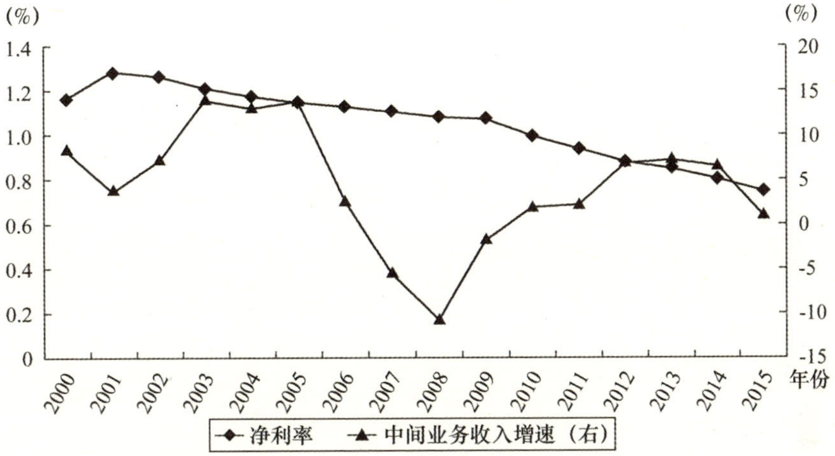

图6－4　2000～2015年日本银行业净利差和中间业务收入增速情况

（二）存在的问题

1. 转型速度过快

以20世纪80年代的转型为例。银行在大企业贷款下降和利率市场化背景下，为扩张业务、追求更高利润，在没有变革完善风险控制机制时就急于开展相关业务，将大量资金投向风险更高的中小企业。发放贷款时，完全不考虑项目预期盈利情况和现金流，只关心这笔贷款的抵押物是什么，寄希望于将来企业若不能按时还款可以通过出售抵押物来解决。在土地价格飞速上涨的背景下，不动产担保成了最好的融资方式，但这不仅助推了房地产市场泡沫的形成，而且也累积了大量金融风险。

2. 大银行兼并重组的规模经济效应不明显

兼并重组一直是日本大银行转型的主要手段和标志，通过对金融资源的重新调整和再配置，达到优化业务结构、削减运营成本、提高盈利能力、降低经营风险等目的。但从目前的一些财务指标来看，并未取得预期效果，规模经济并未显现。如图6－5、6－6所示，2005年至2015年资产和净利润占比发展趋势来看，城市银行与地方银行（含第二地方银行）资产占总资产的比重变化均不大，但城市银行净利润占比却出现下降。特别是2010年后由65%降低至2015年的54%。究其原因，一方面是规模较大的银行通过兼并组成大金融集团后容易出现效率、垄断等问题；另一方面是合并之后一些大银行之间信息系统等资源的整合，非但没有带来成本下降，反倒引发了额外的资金投入。例如，1999年第一劝业银行、富士银行、日本兴业银行合

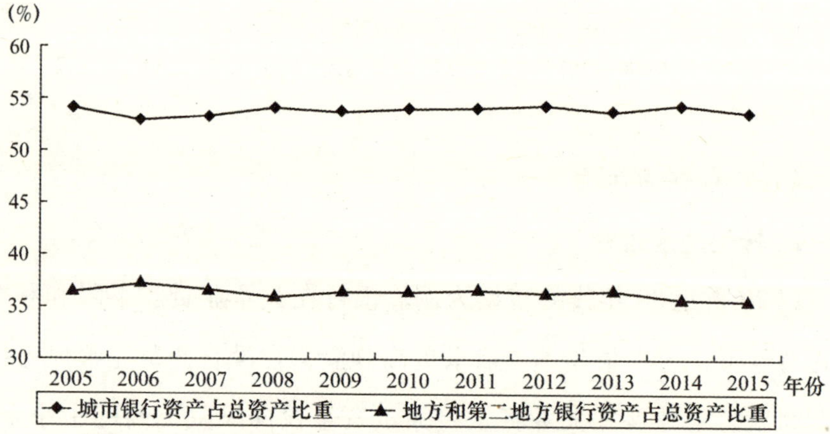

图6－5 城市银行、地方银行（含第二地方银行）资产占比

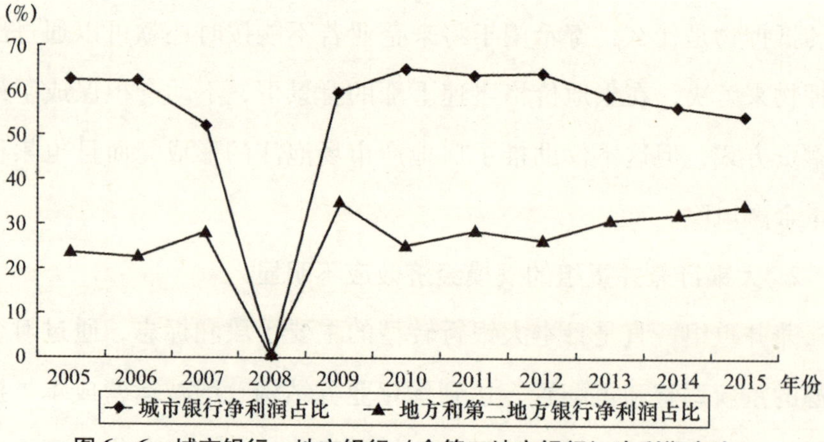

图6－6 城市银行、地方银行（含第二地方银行）净利润占比

并为日本瑞穗金融集团时，原计划合并后统一采用原来富士银行由IBM开发的系统，但由于第一劝业银行的系统提供商富士通以及其他利益相关方的阻挠，最终决定合并后依然保持三家旧银行系统的各自运行。虽然在中间转换系统等方面投入了大量资金，但系统在运行过程中接连出现多次重大故障，甚至在2011年导致整个核心系统的瘫痪。最终，瑞穗金融集团决定在2016年将三个系统进行合并，完成核心系统的更新，这中间浪费了大量的人力、财力、物力。

3. 中小银行转型风险较大

转型过程中，虽然很多地方银行的经营指标有所好转，但业务扩张伴随的风险不容忽视。例如，在2005年主要银行的不良贷款率已经下降到1.8%时，地方银行和第二地方银行（113家）的不良贷款率仍旧为5.2%[①]。2010年9月，日本振兴银行破产的主要原因就是盲目扩张业务导致的不良贷款问题。该银行成立于2004年，成立之初主要为中小企业提供融资服务。2007年以后，为追求更大收益盲目转型，采取了冒进和扩张政策，向非银行金融机构收购大量债权并进行大额融资，最终因为不良贷款急剧增加导致资不抵债。由于地方银行的客户多为当地中小企业，其经营业绩好坏直接决定着当地经济的发展。中小企业较难从资本市场获得融资，对银行的依赖性比较高，又容易受到危机冲击，若地方银行情况持续恶化，会给当地企业的经营雪上加霜，从而给当地经济运行带来冲击。此外，很多中小银行业纷纷以国际化、综合化作为自己的发展目标，业务同质化倾向明显，不利于核心竞争力的形成。

① 张季风：《挣脱萧条：1996～2006年的日本经济》，社会科学文献出版社2006年版，第194页。

四、对我国银行业转型的经验借鉴

现阶段我国银行业面临的金融市场化、人民币国际化等外部环境与转型时的日本多有相似之处，其经验具有一定借鉴意义。但需同时考虑银行业结构、发展阶段等不同，尤其是信息技术、互联网金融等外部环境变化给银行业发展带来的新机遇和挑战。

（一）加强宏观指导，把握政策的渐进性和适度性

日本政府在推动银行业转型中起到较大作用。例如，在推动银行国际化时不仅通过特殊性政策予以引导，甚至在国际并购中帮助协调与当地政府的关系，大大提高了并购成功率。我国政府在相关业务领域可参考借鉴其经验，加强宏观引导和帮助，发挥更大作用。

与此同时，也要注意法规、政策的渐进性和适度性。我国与日本的相似之处在于历史上对银行的保护太多，在推进市场化改革时，要注意把握具体法律法规、政策措施的渐进性。例如，日本在20世纪80年代改革时未考虑政府主导的护卫船长式模式导致银行抵御外部冲击能力偏弱等问题，直接照搬国外经验实施了较为激进的改革措施，致使银行业难以适应。

（二）继续深化市场化改革，找准转型着力点

从日本经验和当今世界金融发展趋势来看，市场化改革是不可逆转的趋势。近年来，我国正稳步推进这一进程，随着改革进入深水区，更应坚定银行业的市场化改革方向，寻找转型着力点。

由于改革的反复和不彻底，日本经济体系到现在还残留着限制过

多和创新不足等负面遗产，成为其进一步发展的制度障碍。因此，转型时要逐步摆脱原有行政性、半行政性经营，更加贴近市场。具体而言，一是继续深化市场化改革，根据市场需求确定经营思路和具体策略，通过满足市场主体的不同需求寻找利润增长点，放弃主要通过信贷利差谋求规模扩张的老路。二是坚持通过市场行为服务实体经济，将行业发展与支持“双创”“一带一路”等国家重大战略相结合，助力供给侧结构性改革。三是提前做好国际化竞争准备，做好前期规划和布局，逐步进入重点国家市场尤其是新兴市场国家，通过服务对外直接投资项目和大型承包工程积累竞争经验，积极参与国际化竞争。

（三）银行应增强风险意识，谋求差异化转型

当前，我国传统银行的优势逐渐弱化，亟待明确转型方向并做出计划安排。日本银行业转型初期的问题之一就是没有尽快明确转型方向，当外界形式发生变化时盲目推进新业务，导致无法驾驭风险。

我国情况与之不同，近年来在金融市场化改革方面出台政策均比较谨慎，各项改革措施的推进也比较稳定。但随着金融市场化程度的提高，银行业面临的挑战也越来越大。特别是与国际知名大行相比，我国信贷环境相对较差，客户风险意识较为薄弱。银行不仅要增强风险意识，还应根据经营策略、业务情况和客户结构等变化及时升级风险管理体系。当前，我国商业银行风险管理还是以事后控制为主，要进一步制定完善事前预防和事中控制的相关制度措施，从源头上回避分散风险。大银行和中小银行应积极利用新兴技术提高经营能力和效率，根据自身规模、业务特点等主动谋求特色化、差异化转型。

执笔人：孙　飞

分报告七

金融科技发展与中国银行业转型

近年来，从互联网金融到含义更广的金融科技，技术进步对金融业包括商业银行的业务模式和经营绩效日益产生巨大冲击和挑战，商业银行也积极利用金融科技的发展，推动模式转型和业务创新。

一、金融科技的定义及与金融的关系

金融业作为信息密集型行业，信息技术的每一次革新和大规模应用都曾深刻改变金融业的面貌。毕马威（KPMG）对金融科技公司的理解是：非传统企业以科技为尖刀切入金融领域，用更高效率的科技手段抢占市场，提升金融服务效率及更好地管理风险。对金融科技公司的六个评审维度是：领先信息技术应用与突破；科技驱动数据归集、挖掘、使用；模式创新和对传统金融颠覆度；痛点解决与金融效率提升度；估值及资本市场认可度；具备未来发展潜能与广阔发展前景。这六个核心维度覆盖了金融科技领域的关键要素。

京东金融在2015年10月在国内最早提出“Fintech（金融科技）”的定位。京东金融将金融科技释义为：遵从金融本质，以数据为基础，以技术为手段，为金融行业服务，从而帮助金融行业提升效率、降低成本。具体而言包含四点含义。

第一，以数据和技术为驱动。首先是数据维度，金融科技公司的数据规模要够大、维度要够广，且要合法；其次是技术维度，在数据的基础之上，叠加机器学习、人工智能等新技术的运用。

第二，提升行业效率，降低行业成本。包括运营效率和资金成本两大块。在运营效率层面，一是体现在获客能力上，金融科技公司具有显著的优势，快速、大规模地获取用户；通过用户标签，更精准地找到特定的目标用户，提升转化率；二是体现在批贷环节，利用大数据风控体系，减少人工审核。在资金成本层面，通过更好的风险控制和流程管理，减少资金的闲置，降低资金成本。

第三，做传统金融不能做或做起来成本很高的业务。如股权众筹业务，传统金融机构很难介入，因为它们没有互联网化连接投资者和创业企业的体系，更不能搭建出一个服务的生态。如给那些没有征信记录的年轻人信用支持，提供消费金融服务。

第四，致力于能力输出，服务金融机构。本身金融科技公司的创新模式也需要验证，在用户体验的要求上，传统金融机构跟金融科技公司也存在一些认识上的差异。

综合来看，“金融科技”（Fintech）是涵盖大数据、云计算、移动互联、人工智能、区块链等代表的新一轮信息技术，并将其全面应用于支付清算、借贷融资、财富管理、零售银行、保险、交易结算等金融领域，实现金融+科技高度融合，对于提升金融效率和优化金融服务发挥重要作用。

就与金融的关系而言，金融科技强调技术对金融业务的改进，但并没有改变金融的本质。从目前来看，金融科技没有创造出新的金融模式，仍然围绕管控风险，匹配资金需求与供给的金融本质。金融的本质是“经营风险”，技术对它也只是视角和方式上的改变，在如边际成本、效率、普惠程度等方面有改变。

二、金融科技的发展阶段

金融科技走到今天已经经历了三大阶段：第一个阶段为金融 IT，第二个阶段主要是互联网金融，第三个阶段即目前阶段是金融科技。金融科技是目前国际上对金融 + IT 的最新称谓，也是对互联网金融外延的扩大。

（一）金融 IT（2007 年之前）

金融 IT 是指将 IT 软硬件应用到金融领域，实现业务办公的电子化。金融 IT 是科技与金融融合的第一阶段，在此阶段，IT 技术并非为金融公司所有，只是作为公司的成本部门，压缩运营成本，提高金融行业效率。金融 IT 业的发展经历了 IT 主导变革、IT 与业务融合以及正在进入 IT 支持的创新阶段。ATM、POS 机、银行的核心交易系统、信贷系统、清算系统等都是此阶段的代表产品。金融 IT 企业可分为专业提供商和综合提供商（见表 7－1）。

（二）互联网金融（2008～2015 年）

互联网金融是科技 + 金融的第一次深入“合作”，在 2012 年之后开始迅速流行。互联网金融在资金需求方与资金供给方之间提供了有别于传统银行业和证券市场的新渠道，提高了资金融通的效率，是对传统金融体系的有益补充。互联网金融可以降低交易成本、分散风险并扩大金融服务的范围，让个体经营户、小微企业和普通民众都受益于“科技 + 金融”的进步。国内互联网金融发展迅速，尤其以第三方支付和互联网借贷（P2P）发展最为迅猛。

表 7－1　金融 IT 分类

分　类	主要业务
金融 IT 集成服务专业提供商	银行业务解决方案、财务管理解决方案和住房公积金管理解决方案
	ATM 网络管理
	证券、基金、银行、期货、资产管理行业解决方案
	金融信息系统支持的服务流程和质量控制体系
	系统集成、运行维护、维保（MA）、数据备份和恢复、容灾中心规划及维护、集中监控
金融 IT 服务综合提供商	规划咨询、应用软件开发、IT 运营外包、金融产品服务等专业服务
	银行业核心系统、银行业多渠道、银行业支付、银行业风险与合规、银行业客户洞察
	前端系统、清算系统、综合业务系统等；监管系统、风险管理系统以及资产托管业务综合系统
	保险业涉及保险业索赔，保险业市场营销与分析，保险业承保等解决方案

资料来源：中国信息产业网，中信建投研究发展部。

（三）金融科技（2016 年～　）

近期的金融科技是互联网金融概念的进一步泛化，指科技与金融的深度融合，运用大数据、云计算、人工智能、区块链等最新 IT 技术，介入传统金融的信息处理与投资决策中，分析给予正确的投资建议，使金融服务变得更加高效便捷。代表性的业务有第三方支付、大数据征信、智能投顾、供应链金融等。金融科技公司地域分布集中在美国，中国和英国也是金融科技的投资热土。

1. 世界范围金融科技的发展

世界范围内，金融科技领域自 2000 年以来经历大幅度的增长。据波士顿咨询集团估算，2000~2005年，金融科技公司成立1250家，至今融资总额171亿美元；2000~2010年，金融科技公司成立2400家，迄今融资总额330亿美元；2000~2015年，金融科技公司成立3980家，迄今融资总额461亿美元。

纵观全球，金融科技创新目前主要集中在八大领域：支付、金融安全、规划、数据与分析、信贷/众筹、投资、信用卡/借记卡、区块链/数字加密货币。从发展历程来看，金融科技发轫于数据 & 分析、支付和安全领域，然后是支付、转账、处理等业务大幅增长，规划和投资金融科技企业兴起，近年则是加密数字货币 & 区块链兴起，众筹/借贷平台增长强劲。其中支付、借贷、数据与分析是最主要的子领域。在上述461亿美元的融资额和3980家金融科技公司中，支付分别占29%和23%，数据与分析分别占22%和28%，借贷/众筹分别占22%和12%，且在过去几年中显示了特别强劲的投资增长。

以业务板块来看，金融科技公司及投资者活动主要聚焦公司银行、个人银行业务，在金融市场、财务管理业务也有一定参与度。

从横向比较来看，全球约4000家金融科技公司中，在北美地区的有近2300家，占比超过50%，其中绝大部分在美国，占到94.4%；在欧洲有978家；亚太地区合计551家，其中中国的占比只有17%，低于印度（29%）和澳大利亚（18%）。

从业务模式来看，2015~2016年，借贷与众筹项目占20个最大的金融科技交易的一半。

2. 中国金融科技发展现状

互联网金融兴起的土壤，是技术进步造就的深度互联网的环境，及长期以来的“金融压抑”。技术的进步推动互联网在中国普及化、移动化，并向用户的生活深度渗透。2013年中国已经有6.18亿网民，其中80%是手机网民；网民每周上网时长25小时，平均每天3小时以上；网民从沟通、信息获取向商务交易、娱乐扩展。在政府的鼓励与监管的包容下，互联网金融新业态蓬勃发展，截至2015年互联网金融用户数已达到5亿人。而传统金融体系供需不平衡，造成庞大的金融需求未得到满足。在2013年的互联网用户收入结构中，只有前24%的高收入者是传统金融机构的关注客户，而其余的76%的用户所能得到的金融服务非常有限。具体见表7－2。

表7－2　　中国互联网用户规模和使用率

	应用	用户规模（万）	网民使用率（%）	年增长率（%）
基础应用	即时通信	53215	86.2	13.8
	网络新闻	49132	79.6	6.6
	搜索引擎	48966	79.3	8.5
商务娱乐等深度应用	网上音乐	45312	73.4	4.0
	网络视频	42820	69.3	15.2
	网络购物	30189	48.9	24.7
	网络文学	27441	44.4	17.6
	网上支付	26020	42.1	17.9
	网上银行	25006	40.5	12.9
	旅游预订	18077	29.3	61.9
	团购	14067	22.8	68.9

资料来源：CNNIC，BCG分析。

国内金融机构对互联网金融从“看不起、看不懂”到“想进入、一拥而上”。“金融＋互联网”与“互联网＋金融”走向统一，强调围绕客户的、科技对金融的全面赋能与革新。互联网金融不仅仅是增加几项新业务，而是以客户为中心，通过科技革新为金融全面赋能。中国互联网金融从爆发走向常态、从无序走向规范、从意图颠覆金融逐渐回归本质。中国的金融科技主要集中在支付、借贷、征信等（具体见图7-1）。

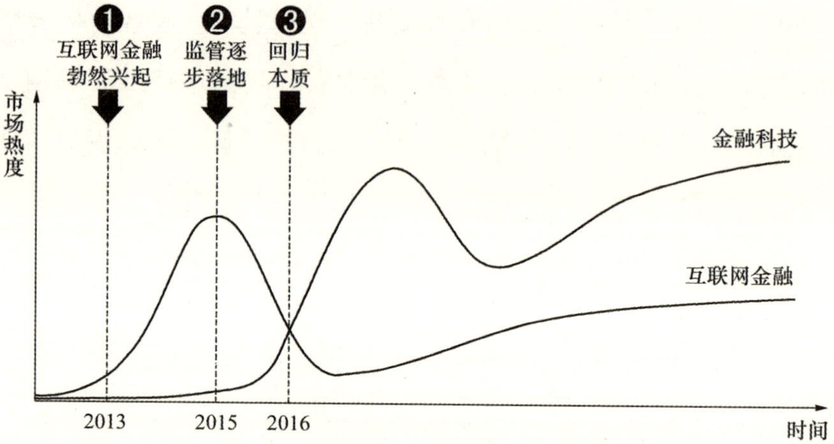

图7-1　互联网金融与金融科技市场热度示意图

在移动互联方面，宽带、3G/4G的普及使人们永远处在“连接”状态，同时促使了移动终端的普及，由此提升金融的触达能力和便捷性，使得金融服务的“随时随地”成为可能。

在大数据方面，数据的产生、采集、存储、传输、应用均发生显著变化，改善信息搜集的成本和处理效率，从客户获取、交叉销售、风险控制等各方面推动金融服务个性化、精细化。

在云计算方面，底层计算基础的成熟和广泛的应用；集中式架构向分布式架构的转变，一方面，轻终端、多屏互动具备基础，另一方面，显著降低金融机构的运营和创新成本。

在前沿技术方面，以认知计算、区块链为代表的新技术在不远的将来将对银行产生深远影响。通过认知计算，银行可更深刻地认识客户、分析需求。区块链可能改变银行业IT基础设施架构。

从客户角度的科技与金融融合，除了开展新业态，更强调科技对传统业态赋能、延伸及与新业态整合。互联网+金融、强调科技对金融的引领效应，也是国内外领先金融机构实践中的核心战略方向。具体见图7－2。

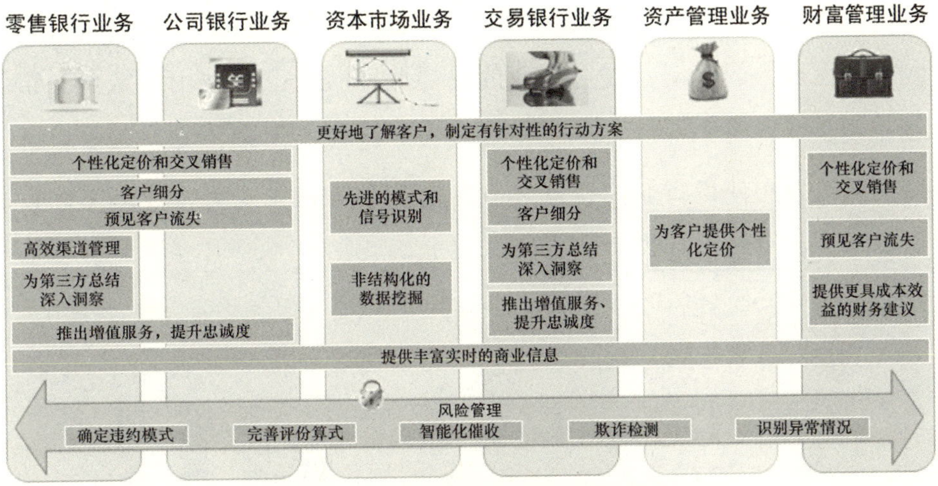

图7－2　金融科技对金融业务的渗透

三、金融科技在中国的应用进展

金融科技应用已经渗透进银行、证券、保险等各金融领域。金融科技公司行业分布集中在借贷和财富管理，其他覆盖领域还包括保险、支付、众筹、外汇和货币、房屋中介、零售银行和征信等。

（一）互联网支付

银行推出的网络银行以及各类第三方支付平台，支付终端从桌面电脑扩展到移动终端和电视等多种形式的终端上。

1. 第三方支付

从中国第三方支付市场整体发展趋势来看，经过了十几年的发展壮大，第三方支付市场已成为互联网金融领域最为成熟的行业，并作为基础服务广泛应用于各行业。2010～2014 年这段时期是我国和第三方支付的行业高速发展阶段，出现大规模并购，如 2012 年京东商城收购网银在线、2014 年万达收购快钱。自 2015 年到如今，我国的互联网支付已进入成熟期，支付企业的主要业务服务已经被用户认可，市场正在高速增长中，已有一些企业具备一定规模体量，第三方支付牌照的陆续发布使得行业门槛已建立，已有的第三方支付企业将不断发展整合，未来将更加规范。具体见图 7－3。

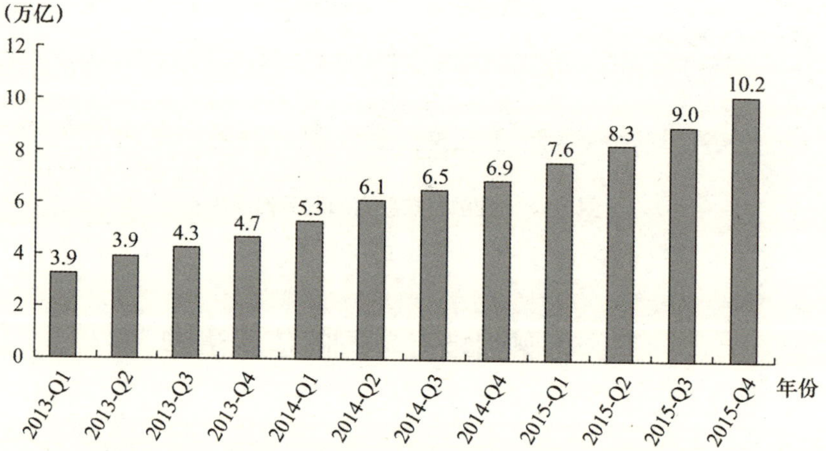

图 7－3　2013Q1～2015Q4 中国第三方支付交易规模

资料来源：速途网，中信建投证券研究发展部。

自 2008 年以来，中国第三方互联网支付市场交易规模迅猛增长。预计至 2018 年，中国第三方移动支付市场规模将超过 52 万亿元人民币。第三方支付市场已形成由支付宝、中国银联、财付通三大巨头占主导的市场竞争格局（见图 7－4）。目前，支付宝已成为国内最大的第三方支付企业。截至 2015 年 6 月底，其拥有超过 4 亿的实名用户，与国内外 180 多家银行以及 VISA、Master Card 国际组织等机构建立战略合作关系，是金融机构在电子支付领域最为信任的合作伙伴之一。在覆盖绝大部分线上消费场景的同时，支付宝也正在大力拓展各种线下场景，包括餐饮、超市、便利店、出租车、公共交通等。支付宝还设立5月28日为支付宝日，开展如当天可以在全国1.2万家超市便利店全场8折的活动。目前，支持支付宝的线下门店超过20万家，出租车专车超过50万辆。

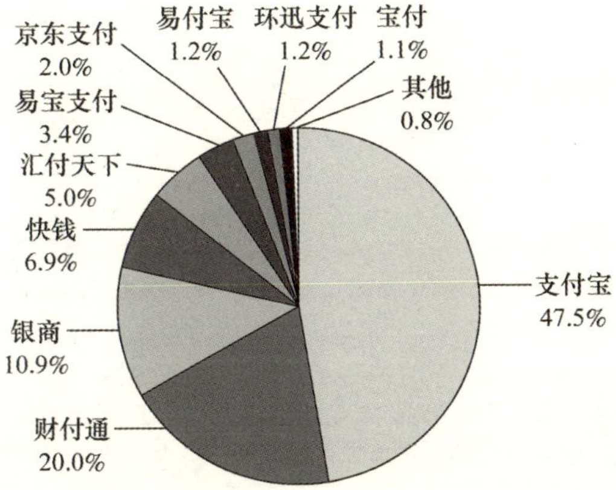

图7－4　2015年中国第三方互联网支付交易规模市场份额

资料来源：中信建投证券研究发展部。

互联网在线支付市场进入成熟期，市场格局趋于稳定。而基于交易数据展开征信增值服务将成为支付机构发力方向。支付具有金融、数据双重属性，第三方支付机构经过多年积累已拥有大量的数据资源，这些数据经过处理的分析结果有相当价值且，例如提供精准营销、客户管理、信用评级等增值服务。支付机构基于数据提供的增值服务业务尚处在探索期，其中征信服务的前景更为可观。

2. 移动端支付

在智能终端和移动互联网的普及下，移动支付应用快速兴起并不断吸引着各大厂家入场。随中国移动用户的快速增长、移动支付技术的不断成熟，以及O2O市场的繁荣等多方面因素，中国移动支付市场也呈现“井喷”的发展状态（见图7－5）。2015年，我国移动支付规模首次超过PC端支付，除各大第三方支付机构都在努力拓展线下场景外，移动运营商、手机生产商也加入了这一市场，移动支付市场竞争异常激烈。

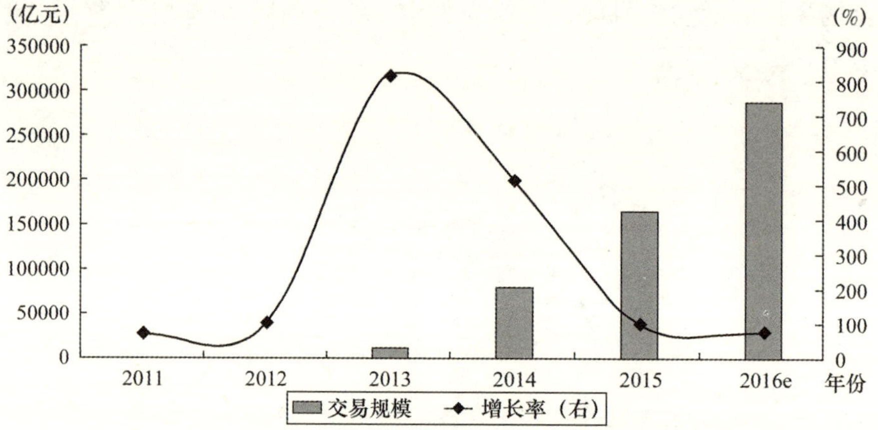

图 7-5　中国第三方移动支付市场近五年交易规模及增长率

资料来源：易观智库，中信建投证券研究发展部。

目前，我国第三方移动支付市场多数份额握在支付宝与财付通手里，二者合计占据约 90% 左右的份额，随着苹果与三星等外来“列强”的“入侵”，加上本土巨头华为的入局，小米推出小米 Pay，中兴也联手中国银联 ZTE PAY 加入云闪付大家族。除了常见的手机作为支付的移动端外，新的移动端支付手段也开始涌现。2015 年 9 月 16 日，拉卡拉发布新产品“考拉手环”，即借智能手环形式，嵌入其最熟悉的支付业务，将智能手环作为拉卡拉局线下场景的移动支付工具。

移动支付市场规模将继续保持爆发式增长，市场将有更多的参与者加入，但对于整体竞争格局影响不大。对于移动支付来说，线下市场比线上更富有潜力。随着移动支付接入的线下消费场景变得丰富，移动支付市场规模将继续扩大。线下支付市场的巨大前景正吸引手机厂商、通信运营商、传统商业银行等努力布局。

（二）网络借贷

随着网络技术的不断完善和网贷行业的规范和发展，网络借贷成为融资渠道的有益补充。特别是网络借贷，通过技术手段与传统信用评估结合的方式，满足了中小微企业的融资需求。网络借贷平台通过互联网将投融资需求展现在网络之上，在很大程度上提升了信息透明度，使得资金流动更为迅速，有利于实现资源的优化配置。而大数据技术的利用也使得众多的融资者借此获得资金支持，对于传统的信用评估手段也起到了有益的补充。

网络融资过程中的对于风险如何进行有效把控成为布局以及成功的关键点之一。根据各类型企业布局分析，现阶段主要有三种类型，分别是纯线上布局模式、产融结合模式和线上线下结合模式（见表7－3）。

表7－3　互联网接待企业的发展模式

模式	优势内容	代表公司
纯线上布局	完全基于互联网技术、大数据技术实现对于融资过程中的风险把控，在业务拓展过程中较为依赖有效的数据来源、经过验证的风控模型、社会征信体系建设	拍拍贷
产融结合	主要依托产业实力，对于产业内融资需求、产业生态圈内融资需求能够进行深度的把控和掌握，依托产业核心对于融资对象的信息掌握、产业链把握，实现风险的有效把控	拉卡拉/海融易
线上线下结合	通过布局线上，搭建客户引流平台，线下提供项目，并依据线下渠道进行风险把控，利用线下渠道优势对于融资对象的融资风险进行评估以及贷后风险防范	红岭创投

资料来源：易观智库，中信建投研究发展部。

2015年，中国网络借贷市场交易规模较2014年增长331.6%，全行业成交量超过一万亿，从交易量看已经成为互联网金融中最重要的一块版图（见图7-6）。受监管细则出台影响以及各级监管机构对于网络借贷平台准入的限制，2016年中国P2P网络借贷市场交易规模增速将放缓。

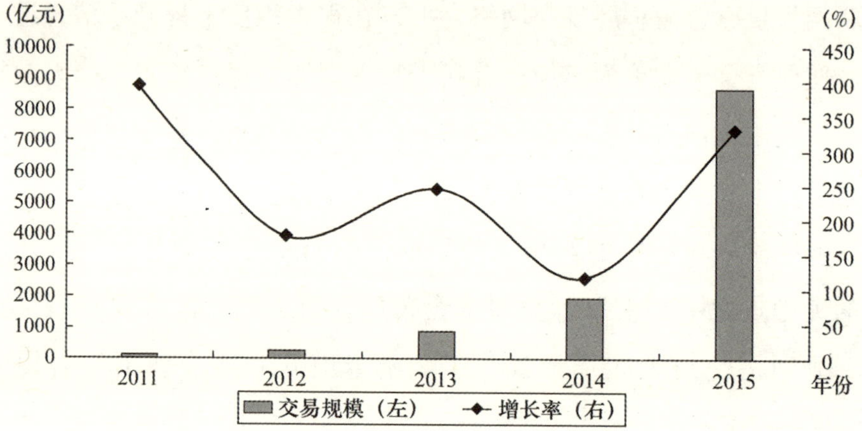

图7-6 中国网贷市场近五年交易规模及增长率

资料来源：易观智库，中信建投证券研究发展部。

（三）大数据风控

以百融金服为例，通过将来自于众多渠道的数据进行整合、清洗，纳入身份类数据、社交类数据、线上线下行为类数据、信用类数据、履约能力类数据、共债类数据等若干维度之下，利用数据挖掘分析技术，使非信贷数据也能发挥价值。

传统的风控评价手段以FICO评分为主，其基本思想是把借款人过去的信用历史资料与数据库中的全体借款人的信用习惯相比较，检查借款人的发展趋势跟经常违约、随意透支甚至申请破产等各种陷入财务困境的借款人的发展趋势是否相似。其主要采用的变量为金融行业强变量，包括信用记录时间、信用额度、借款逾期记录、房屋按揭还款记录、用款占信用额度的比例、坏账记录等，变量不到10个。我国金融系统长期依赖的人民银行征信中心覆盖人群仅3亿多人，其数据几乎完全来自于银行借款交易数据，使得大量信贷空白人群或次优人群得不到信贷服务，严重制约着我国普惠金融业的发展，进而制约消费，影响我国经济结构的转型。百融金服的创新之处在于两点。一是数据维度多，强弱变量结合，变量可达几千上万个；二是引入机器学习技术和多种算法，实现线上实时评审，从而解决了更多信贷需求人群的风控问题，为普惠金融的落地搭建起基础设施。

以大数据为手段，百融金服实现了基于多维度数据源的个人信贷审批，融合线上、线下数据的全方位用户画像，全局设备ID的设备反欺诈，和基于知识谱图构建的社交关系反欺诈网络。相较于传统风控，能够极大提高风控效率，扩大了风控覆盖范围，增加了风控数据源，扩大了风控的适用场景，从而为贷款的全流程提供支持，包括贷前信审、贷中监控、贷后管理。

四、金融科技与商业银行：竞争和融合

（一）金融科技公司分类及与商业银行的合作和竞争

金融科技公司虽然是“金融＋科技”，但落脚点在科技，偏重技术属性，强调大数据、云计算、区块链等在金融服务和产品上的应用。

金融科技公司也在不断分化，现在主要有两种。一种是做科技和金融业务，但主要是支持商业银行。不少金融科技公司都在强调“技术输出”，通过核心技术的输出和应用，企业不用受限于（金融业务）资本金、杠杆率的制约，其成长边际得以大大拓展，进而可以连接更大的生态。在资本市场上，以互联网公司或技术公司来估值的金融科

技公司，估值会远远高于按金融公司的估值。

另一种是从科技逐步涵盖或转向金融业务，金融是未来志向所在。有的金融科技公司已经获取多个金融牌照。例如积木盒子的“虹点基金”“麦芬保险”“企乐汇”就分别有基金代销、保险代销以及企业征信牌照，蚂蚁金服的网商银行、芝麻信用、信贷业务等也都获取了相应的资质。这些金融科技公司通过自身的科技优势、科技创新优势和对自身优势的固化，特别是在获客、大数据、场景应用等方面的优势，将对传统金融机构产生挑战。这一类的金融科技集团已经很难单纯地把它们用科技或金融的定位隔离开，从监管角度，业务交叉的复杂性增加了监管难度。目前的趋势是，这些金融科技集团也在极力理清自己的业务条线，每一个子公司只专注一项业务，更容易满足监管的要求或者获取相应的牌照。蚂蚁金服、京东金融、百度金融等，它们的业务就涵盖了支付、征信、资管甚至银行、保险、基金、证券等多个板块，它们既提供核心的技术支持与服务，自身也从事相关业务。这些金融科技公司已经或即将成为真正的金融公司，将和商业银行在内的金融机构展开日益激烈的竞争，并改变整个金融的生态体系。

（二）金融科技发展对商业银行的现实影响

金融科技公司的业务模式、新技术应用、新产品服务对金融市场、金融机构以及金融服务供给产生重大影响，但其与传统金融并不是相互竞争的关系，而是以技术为纽带，让传统金融行业摈弃低效、高成本的环节从而形成良性生态圈循环。传统金融机构是否能成功转型或是金融科技公司能否具备行业竞争力，取决于其是否能够研发出自己的核心技术并且与金融环境相结合而使金融服务更高效。从具体应用上看，金融科技核心技术目前在如下领域已经开始成熟且逐渐延伸。

1. 资产方面

互联网金融在资产业务方面没有撼动银行业的大局，总体来讲影响并不大，很多资产业务所做的领域和客户更多的还是银行业过去没有涉及的，或者是填补了这方面的空白，对于大的格局没有太大的影响。但对细分领域的冲击不可忽视，特别是互联网消费金融、供应链金融，网络小贷成为近几年互联网金融发展的热点。尤其是作为一个新兴的互联网金融模式，2016 年网络小贷发展势头较为迅猛。我国互联网小微信贷服务对象主要是中小型企业和个人创业者，小额贷款业务额度大致为 5 万 ~ 100 万元，日利率为 5‰ ~ 6‰，年利率 18% 左右。这远远高于我国传统银行业的利率水平，如果控制好风险，小微企业信贷业务利润是非常可观的。当前来看，在过去的很长时间，我国商业银行大都忽视小微信贷业务的发展，对小微信贷业务重视程度不够。但是，随着利率市场化进程的深入推进，大型企业的存贷利差将会进一步缩小，与此同时，小微信贷却有着高收益。为了寻找新的利润增长点，这就迫使商业银行必须重新重视小微信贷业务发展。

2. 负债方面

互联网金融各大模式均对传统银行负债业务均造成了影响。第三方支付平台分流了商业银行的部分储蓄存款，分流金额与银行活期存款余额相比较小，但不可忽视第三方支付交易金额的未来增势。网络借贷和股权众筹对商业银行存款性负债业务也造成影响，为众多“长尾”客户群体提供了多样化的投资选择渠道。互联网理财从传统金融机构那里获得了众多“长尾”客户，对传统商业银行个人存款形成分流效应。在拓宽“长尾”客户理财渠道的同时，也一定程度上改变了客户群体的理财观念。互联网“宝宝”类理财产品对传统商业银行的影响具体体现在互联网“宝宝”类理财产品推高了传统商业银行负债业务成本，资金运用成本增加。

3. 表外方面

互联网金融作为近几年兴起的创新型投资行业，随着国家的提倡，网络监管的健全，逐渐吸引了众多投资者的加入，并快速融入普通消费者的日常生活中，成为全民理财的重要平台。互联网金融理财与银行理财相比，虽然安全性方面没有那么高，但灵活的期限、较低的门槛、稳定且较高的收益、便捷的操作、透明的信息等优势深受广大投资者追捧，对银行理财和零售存款增长形成了很大冲击，对商业银行存款带来巨大分流影响，更对各个银行的传统中间业务形成了严峻挑战，压缩了各个银行的中间业务市场空间，对其中间业务收入带来了严重影响。

4. 支付结算方面

互联网金融打破了时间和空间的限制，在相当程度上已经影响了商业银行的支付核心地位。目前，支付宝、财付通和快钱等能够为客户提供转账汇款、代购机票与火车票、信用卡还款、代缴燃气、水、电费与保险等结算和支付业务，并已经占有相当大的份额，对商业银行形成了明显的替代效应。随着互联网和电子商务的发展，第三方支付平台交易量和流通量将会越来越大，涉及的用户也将会越来越多，第三方支付俨然成为一个庞大的金融产业，商业银行的支付功能可能将被进一步弱化。当前科技手段与支付应用深度融合，促进支付产品创新及普及推广，网络支付行业在创新驱动下将快速发展，网络支付业务规模未来仍将保持较快增长态势。

（三）金融科技细分领域对商业银行的机遇和挑战

金融科技公司开始利用其竞争优势和资源，向银行服务的各个环节渗透，成为“搅局者”。金融科技对银行机遇与挑战并存，银行应主动拥抱金融科技。

①大数据方面。机遇是：客户服务水平提升，更加了解客户需求分析；市场营销活动和产品，更加有针对性；优化交易决策；提升风险管理效率。挑战则是：侵蚀银行客户，电商平台利用数据及场景化服务抢夺客户；冲击银行传统业务——第三方支付平台以更加灵活的方式改变用户支付入口。

②云计算方面。机遇是：可扩展性强，降低运营成本，可以灵活应对突发流量，实现即用即付；提升灾备效率，信息存储在中央，可以提升灾备的效率，防止信息丢失。

③物联网方面。机遇是：风控模式上，通过客观信用模式，大幅提升经营效率，贷后监控提升，降低风险；客户扩展上，将带来零边际成本，使得全面服务中小企业成为可能。挑战是：侵蚀银行客户，非传统金融机构通过应用物联网技术，获得数据开展金融服务。

④人工智能方面。机遇是：服务提升，降本增效，虚拟化操作，提升服务，降低成本；产品创新，提供针对性定制化解决方案；客群扩大，服务之前通过人工成本较高无法覆盖的客群。挑战是：在线理财平台快速产品创新、服务模式创新。

⑤区块链方面。机遇是：提高服务效率，降低运营成本——构建实时结算清算系统；形成“去中心化”交易市场。挑战是：产品百花齐放，颠覆传统格局，IT企业和第三方技术平台产品创新能力强、速度快；技术基础薄弱，大多依靠第三方技术。

总体上，银行面临的机遇是：服务更多客户；提供更加有针对性、定制化产品；提升服务效率及水平；运营效率提升，降本增效；风控提升，更有效的风险管理。而面临的挑战是：客户流失，客群扩大受限，客户创造能力不够；传统业务受冲击，创新能力不足，服务体验不佳；技术基础薄弱，受制于人。

（四）商业银行对金融科技的应用：以招商银行为案例

招行互联网金融战略是“外接流量、内建平台、流量经营”。所谓“外接流量”，就是招行运用自身的专业能力优势，在互联网属性较强的业务上与外部互联网场景和平台对接，引进流量；所谓“内建平台和流量经营”，是要从整体上构建招行的互联网金融平台，包括服务渠道、产品体系等。

招商银行在2014年提出“轻型银行”发展战略，就是顺应金融市场化和金融科技不可逆转的发展趋势，以“流量、平台、数据”作为结构，充分利用移动互联、云计算、大数据、生物识别等金融科技，改进银行运营的基础设施，从而实现产品和服务升级，推动招商银行向网络化、数字化、智能化的未来银行转变。在构建Fintech领先金融服务企业的愿景下，招商银行在支付、渠道建设、营销、理财、风险管理、产品创新等多方面积极探索和尝试金融科技创新，取得了较好成效。

1. 金融服务场景接入方面

招商银行推出基于“一网通”开放用户体系的“一网通”支付产品，依托其开放、安全、便捷的特质，在逐步为第三方支付公司所占领的移动支付市场上，为客户及商家提供了一个新的选择。一网通支付目前已与滴滴出行、饿了么、国美在线、优酷视频、芒果、本来生活、E袋洗、天虹（虹领巾）等上百家影响力商户合作，并与近千家商户达成合作意向，全面覆盖客户衣、食、住、行、娱乐、医疗、教育等典型生活场景。未来“一网通”支付也将重点关注智慧医疗、智慧校园、电子政务、跨境支付等互联网及电子商户热点领域，同时基于互联网大数据有机整合银行收支、消费、信贷、财富管理等传统优势业务，建设起一个具有特色的互联网金融生态体系。

2. 渠道建设方面

坚持“手机优先”业务发展策略，以手机为中心驱动产品和业务模式创新，探索基于手机的银行O2O流程再造，围绕手机推动客户经营服务模式全面升级。截至2014年第三季度末，手机银行总下载量达到3800万，月活客户数1963万，掌上生活累计绑定客户数2821万，月活客户数1682万。招商银行70%的客户互动已经迁移到手机上。

3. 营销方面

通过智能标签、智能推荐及智慧营销三大平台，推进跨渠道、跨客群、跨产品的零售大数据能力体系搭建。智能标签平台即是以大数据为基础，结合行内外数据，通过统计分析、数据挖掘、数学建模的方式精准刻画客户的属性标签，完善客户360度画像。智能营销平台基于智能标签平台的客户标签，对接短信、邮件、手机银行、网点等各渠道，实时事件式营销已成为现实。智能推荐平台聚焦“千人千面”的个性化推荐能力建设，为客户提供场景式个性化推荐。目前每天我们在手机银行上投放超过7000万次个性化推荐。

4. 投资理财方面

经过近一年时间的研发，招行于2016年12月在手机银行5.0APP平台上正式推出了“基金智能投资组合服务业务”（摩羯智投），该业务是该行在代理基金销售业务基础上为客户提供的一项基金组合销售服务。客户在我行进行相关风险测评后，系统会为客户提供基金产品组合服务，由客户进行决策是否购买该组合并享受后续服务。该业务在向客户提供基金产品组合配置建议的同时，也为客户提供相关售后服务。招行将会根据基金产品的运作情况并结合市场的变化，为客户提供动态的基金组合配臵调整建议，在客户同意并认可后，可进行动态的基金投资组合调整。

5. 风险管理方面

以大数据和人工智能技术为核心驱动信用风险和交易风险管理经营。

在信用风险管理方面，招商银行开发了一系列大数据风险预警模型，包括公司客户预警模型、零售小微贷款预警模型、零售住房贷款预警模型、零售消费贷款预警模型，开创了用数据模型进行风险早期预警的新模式。以公司客户预警模型为例，模型可成功预警全行60%以上的对公逾期及不良资产，预警时间比逾期时间平均提前8个月，每月对全行客户实行自动化风险排查，可快速识别每个客户在全行的风险排序级别，帮助分行实现更精准化的贷后管理。

在交易风险管理方面，将人脸识别、声纹识别等生物识别技术应用于手机、柜台、ATM、可视柜台等线上线下辅助核身场景，不仅大大提高了客户识别的准确性，也提升了客户体验，同时在交易过程引入基于大数据的实时分析技术，基于设备、位置、关系、行为、偏好等部署规则和风险识别模型，实时计算客户交易及行为的风险情况，并根据大数据计算结果，实时发布风险策略，提示人工或调用各类核身手段、交易策略实时控管风险交易。

6. 服务创新方面

招商银行是银行业首家应用摄像头技术进行活体检测的银行。

2015年10月，招商银行ATM“刷脸取款”功能成功上线，无须带卡，无须带手机，也无须进行手机预约，通过“刷脸+验手机号+验密”的方式即可取款，颠覆了传统的取款流程，符合客户对“无卡化”交易流程的需求，在业界引起了较大反响。2015年10月，招商银行在全国44家分行106个城市的800多台ATM机上线了“刷脸取款”功能。

7. 区块链研究探索方面

加入R3区块链联盟，初步完成基础技术平台的研究和人才储备，具备了区块链平台开发建设的能力。基于已搭建HyperLedger区块链基础平台，对原有跨境直联清算报文平台进行技术改造，解决原海外分行之间不能直联互通的现状，提高系统运行效率。目前已完成一期原型开发，后续推动在实际业务中的应用。

8. AR/VR技术应用方面

探索渠道服务与AR/VR技术的融合方向，密切关注AR/VR技术在金融行业的演进，努力挖掘其可能的应用场景，通过智能化渠道服务，提升服务体验、运营效率和科技形象。

（五）商业银行应对金融科技的转型趋势

中国银行业在科技金融方面的应对，第一是应用金融科技发展，进行业务模式和流程体系等多面的创新；第二是大力利用金融科技公司对支持作用；第三是积极应对金融科技公司特别是BAT等巨头向金融领域扩张的挑战。

尽管金融科技对银行影响很大，但从商业银行对客户收入结构分析金融科技的影响，主要集中在大众客户、中端理财和小型企业等方面，这些本身在银行收入中的占比并不高（见图7-7），因此，狭义的金融科技公司（不持有银行等金融牌照）对传统商业银行更多是一种补充，并不会在未来几年内就对商业银行形成替代。

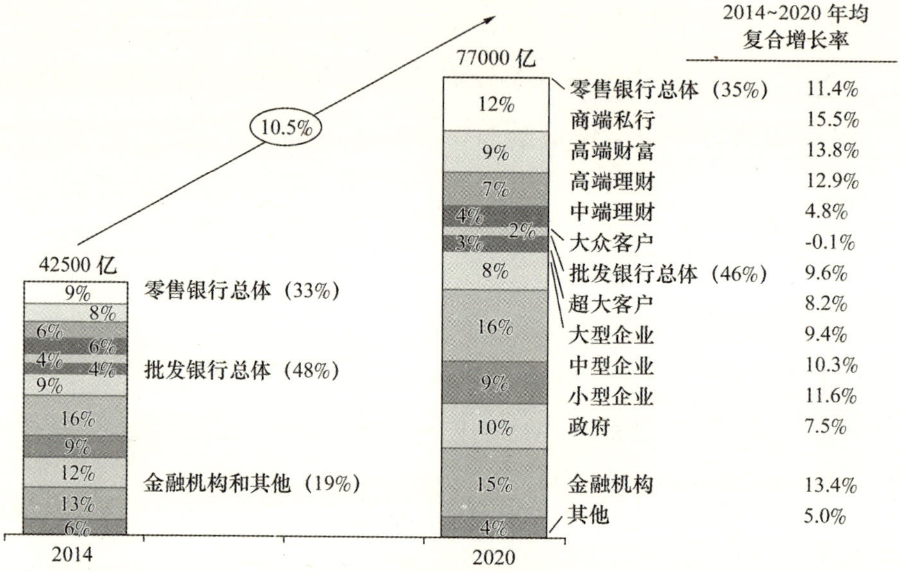

图 7－7　商业银行的收入占比

资料来源：BCG。

波士顿咨询（BCG）认为，商业银行应对金融科技应遵循三大原则。一是“定位积极”，通过不同的参与模式保证对尖端科技创新的参与；二是“有所取舍”，将资源优先部署在重点客群和重点业务上，保持优势业务的领先；三是“灵活支撑”，用灵活的体制、容错的文化支撑数字化创新。

互联网金融的崛起导致银行的竞争格局大幅改变：银行将直面拥有完全不同 DNA 的竞争者。在多元跨界的互联网金融竞争环境下，有四大制高点。一是基础设施，包括支付体系（介质）、信用体系和基础资产撮合平台；二是平台，包括社交、导航、服务整合、个性化；三是渠道主要是对多渠道的整合；四是场景，应用场景及产品。

五、金融科技的监管和政策建议

金融科技公司的金融业务快速发展，原因既有技术层面也有政策支持和监管空白因素。2014～2016年的《中央政府工作报告》提出了“应鼓励互联网金融在适当的监管协调和监督机制的支持下探索健康发展的路”“互联网金融异军突起”“规范发展互联网金融”。2015年，国务院《关于积极推进“互联网+”行动的指导意见》以及2016年的《“十三五”国家科技创新规划》旨在加深信息技术向其他行业的渗透，其中包括金融领域。2016年7月，银监会下发《中国银行业信息科技“十三五”发展规划监管指导意见（征求意见稿）》，增加了“互联网+”、云计算、大数据、信息安全和产业协同等方面内容（见表7-4）。在政策的支持下，互联网金融内生性增长动力促使金融科技、互联网金融行业快速发展，金融机构相互之间、金融机构与金融科技公司之间的壁垒将被打破，合作、共享、联合运营将成为未来金融业发展的主流。

表7-4　Fintech相关政策

时间	监管部门	法　规	内　容
2010.05	人民银行	《非金融机构支付服务管理办法》	第三方支付需要遵行牌照制
2014.03	银监会	《金融租赁公司管理办法》	明确金融租赁的概念、申请的具体方法和监管
2014.03	国务院	《政府工作报告》	互联网金融首次写入政府工作报告，要促进互联网金融健康发展
2015.03	国务院	《政府工作报告》	两次提到互联网金融，要求促进互联网金融健康发展

续表

时间	监管部门	法 规	内 容
2015.07	人民银行联合十部门	《关于促进互联网金融健康发展的指导意见》	行业基本法的明确，互联网金融的定义及监管责任
2015.11	国务院	《加强金融消费者权益保护工作的指导意见》	规范金融机构行为，健全金融消费者权益保护机制
2015.12	国务院	《推进普惠金融发展规划（2016 ~ 2020年）》	2016年推进普惠金融：初步建立普惠金融统计分析和考核评价体系，确保小微企业贷款投放稳步增长，努力实现涉农信贷投放持续增长，增加建档立卡贫困户信贷投入
2016.04	国务院	《互联网金融风险专项整治工作实施方案》	重点整治P2P、股权众筹、资产管理、企业跨界金融业务、第三方支付和金融广告领域
2016.08	国务院	《“十三五”国家科技创新规划》	提出促进科技金融产品和服务创新，建设国家科技金融创新中心

资料来源：政府网，中信建投证券研究发展部。

金融科技监管的真空也使行业经历了一段时期的无序发展。一批伪“互联网金融”平台披着“互联网金融”的外衣，事实上从事“非法吸收公众存款”“集资诈骗”等活动，发生多起风险事件。“e租宝”、MMM互助理财平台、泛亚、大大集团、融资城、中大财富等成为典型案例。

2015年7月，以十部委联合发布《关于促进互联网金融健康发展的指导意见》为标志，互联网金融开始步入规范化发展的轨道。随后又有多达二十几个监管文件涉及互联网金融的各个细分领域。2016年，《网络借贷信息中介机构业务活动管理暂行办法》颁布。互联网金融经过整顿，5000多家P2P平台中，3000多家停业或被认定为问题平台。正常运营平台中仅有10%（200多家）有证经营。随着监管逐步落地，金融科技在涉及金融业务方面的监管体系逐渐形成和完善，金融科技将成为中国金融的新常态。金融科技的各类创新业态向传统金融监管靠拢将是大势所趋。目前第三方支付已经发放牌照。

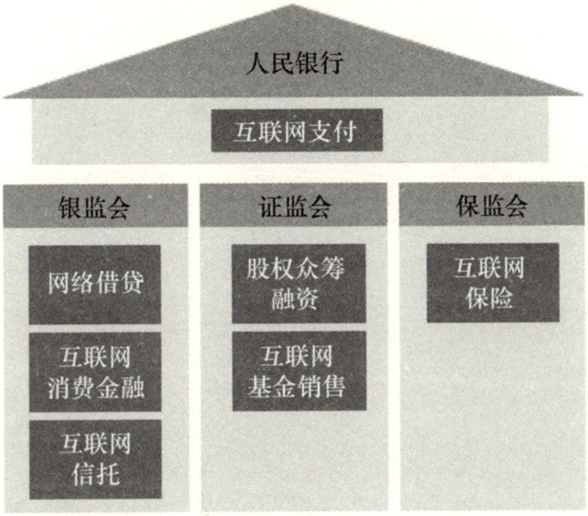

图7－8　互联网金融监管体系逐渐形成

金融科技的发展需要更完善的政策体系。一方面是促进其健康发展，另一方面也是保证市场公平，防范监管套利。

首先，政府应根据经济环境和技术进展，在支持创新与规范监管把握平衡。让金融科技的发展回归金融本质，回归为实体经济服务。

其次，由于金融科技对金融活动和金融机构产生的影响不易及时和准确评估，金融科技的公司的科技业务和金融业务难以及时和准确的界定，应对金融科技公司和金融科技新业态健全监管，做到监管全覆盖和监管标准的一致性，使金融科技公司和传统金融机构公平、有序竞争，合作共赢。对BAT等正在向金融转型的科技巨头，应从是否涉嫌形成垄断而损害市场竞争和消费者利益、阻碍技术进步、风险大而不能倒等方面进行调查，做出政策应对。

最后，资本市场能够更好地对金融科技公司和金融科技创新业态定价，对金融科技的技术属性和金融属性做出判断，分散风险，因此发展资本市场也是金融科技健康发展的必要制度环境。

执笔人：王　洋

分报告八

我国商业银行转型：现状、问题与方向

“十三五”规划提出，要构建多层次、广覆盖、有差异的银行机构体系，提升金融服务实体经济效率和支持经济转型的能力，有效防范和化解金融风险。经济决定金融，金融服务经济，推动商业银行转型升级既是实现“十三五”规划发展目标的重要途径，也是商业银行自身可持续发展的必由之路。本报告根据现场走访调研了解的情况，系统梳理我国商业银行转型取得的成效，归纳现存问题并研究提出未来转型的方向。

一、“十二五”以来我国银行转型的成效

银行转型是外部环境变化和银行内部组织机制演变相互结合的产物，是银行为适应所处经济金融环境的变化，在功能定位、商业模式、实施主体、组织架构等方面进行调整完善，提高组织对外部环境变化适应性，更有效地满足客户需求的过程。

回顾我国银行发展史，银行转型始终在路上。但作为典型的顺周期行业，由于恰逢我国2001年加入WTO后迎来宏观经济发展上行周

期，在存贷款利率管制背景下“躺着赚钱、利润多得不好意思说”，长期以来银行转型外在压力和内在动力不足。“十二五”以来，外部环境发生重大变化：随着我国经济发展转型换挡，在推进“三去一降一补”过程中银行不良贷款上升，面临风险管控的巨大挑战；同时，利率市场化改革加速推进，互联网金融异军突起，银行准入政策放宽，允许民间资本发起设立民营银行，存款保险制度推出等。凡此种种，银行业金融机构正面临日益严峻的挑战。在此过程中，银行转型已经有了实质性推进并越来越具有生死攸关的现实紧迫性。

（一）推进业务模式创新，降低信贷收入比重

1. 大型银行方面

工行明确将降低信贷在资产规模中的占比作为重要的转型方向，投入资源推动新兴业务条线壮大。截至 2015 年年末，理财产品余额 2.6 万亿元，巩固了国内资产管理第一大行的地位。同时投行、资管、养老金、贵金属等均保持市场龙头地位。新兴业务条线的壮大对冲了传统信贷业务因利差持续收窄带来的冲击。

2. 中小型银行方面

招行进一步明确“轻型银行”的转型方向和“一体两翼”的战略定位。零售金融综合实力和主体地位不断加强，推出国内首家微信银行，私人银行管理资产规模全行业第一，实现零售存款平均成本率业内第一。

兴业银行经营特色更加鲜明，成为国内城镇化金融领域主要竞争者、绿色金融市场领跑者和同业合作服务领域的先进者，在货币市场、资本市场、外汇及衍生品交易等多个市场率先布局并形成一定的先发优势。

平安银行经过三年的高歌转型，零售业务基础得以夯实。截至2015年年末零售客户超过3000万，存款接近300亿元，营业收入266亿元，实现再造一个平安零售的成绩。

青岛银行秉持“银行的特色不是自己想出来的，而是当地经济特征决定的”，采取一体两翼思路，以银行授信为体，左翼通过投行业务连接资本市场，右翼通过交易银行连接货币市场，形成全资金链和资产链运营模式。

（二）调整组织架构，提高运营效率

除了推进业务模式创新外，越来越多银行重视优化自身组织架构，试图从内部机制层面形成协同创新能力，以提高运营效率。

1. 大型银行方面

工行以“One ICBC”为立足点，以集团一体化经营体制建设为突破口，推动总行组织机构调整、利润中心改革深化、总部职能架构优化。2014年将总行部室减少到26个，利润中心增加到11个，总行机构分为营销管理、风险管理、综合管理和支持保障四大板块。

建行积极向集约化转型。一是新设资产管理、同业业务和金融市场交易三个直营业务中心；二是对目前完全垂直独立的风险管理体制微调，总分行主要负责人对一定范围内的经营风险收益负主要责任。中行撤销五大总部，调整为38个一级部门和6个直属机构推进东盟地区业务调整，将当地部分机构和业务转让给中银香港，提升当地集约化管理和一体化经营水平。

2. 中小型银行方面

招行为落实一体两翼战略，先后成立零售业务总部、公司金融总部和同业金融总部，以加强条线统合管理。

兴业银行在总分行层面完成业务架构调整，分别对应企业金融总部、零售银行总部和金融市场总部，并在每个条线下设风险管理部。

民生银行从2007年起先后启动两轮事业部制改革，推动事业部逐步从传统的存贷款模式向专业化投行方向发展。

平安银行一是构建大对公、大零售、大行政、大内控管理体系，全面落实风险派驻机制；二是推进事业部改革，激发产品/平台事业部的创新积极性。

苏州银行形成公司银行业务、零售银行业务、金融市场业务三大专业化经营事业部，公司银行总部按照行业设立子事业部，集中上收区域重点客户、机构客户和房地产企业客户，组建专营团队逐一对接。

（三）发展绿色金融，推动绿色发展

绿色发展离不开绿色金融，绿色金融已成为我国银行业金融机构重要转型方向之一。近年来，我国商业银行绿色金融方面的实践不断推出。

1. 大型银行方面

农行2015年10月在伦敦发行9.95亿美元等值的双币种绿色债券，并在伦敦交易所挂牌上市。同时与法国东方汇理资产管理公司合作发起中法国际能源过渡绿色基金。

建行2015年成立全行绿色信贷委员会，制定《中国建设银行绿色信贷实施方案》，全面推进绿色经营管理的各项任务。

2. 中小型银行方面

兴业银行作为国内首家“赤道银行”，截至2015年年末已累计为6000余家企业提供绿色金融融资共计8046亿元，2016年1月又发行100亿元绿色金融债。

浦发银行2016年两次累计发行350亿元绿色金融债。

华夏银行2015年发起设立100亿元的碧水蓝天产业投资基金，深化与世界银行等机构的绿色信贷国际合作。截至2015年年末，华夏银行为34家企业的49个项目提供外国政府绿色信贷转贷款24.23亿元。

（四）稳步推进综合化经营，扩大多元化优势

推进综合化经营是不同类别银行推进转型的重要突破口。

1. 大型银行方面

建行目前拥有基金、租赁、信托、人寿、期货、养老金6家子公司、1家境外非银行类子公司和27家村镇银行，实现综合运用发债、理财、信托、租赁和IPO等综合融资方式，“一站式”满足客户多元化需求；积极推进集团大资产大负债管理，实现资金、财务、信贷等资源在集团内统筹配置和利用。

中行稳步推进综合化经营，多元化优势不断扩大。2015年各子公司实现利润同比增长51%，在集团利润占比达5.6%，提高1.85个百分点。

2. 中小型银行方面

招行综合金融布局起步较早，目前已经拥有保险、基金、租赁、消费金融等非银行金融机构牌照。

平安银行依托集团综合金融平台，力求为客户提供“一个客户、一个账户、多个产品、一站式”服务的全方位综合金融服务体验。

兴业银行集团化发展取得重大突破，以银行为主体，涵盖信托、租赁、基金、证券、期货、资管、消费金融、金融研究、数字金融等的综合金融集团基本建成，已成为国内金融牌照最齐全的银行集团

之一。

浦发银行积极开展综合化经营，加快从单一资金中介向全面服务中介转型，从银行领域向跨银行领域发展，集团化、综合化经营格局初步形成。

（五）推进国际化发展战略

“十二五”时期，为支持“一带一路”大战略的实施，国内大型银行都将国际化作为业务转型的重点领域。

一是业务规模增长迅速。截至2015年6月末，五大行的境外资产规模达到9.7万亿元人民币，是2010年年末的2.7倍；营业收入和税前利润分别达到1061亿元和513亿元人民币，分别为2010年的1.3倍和1.2倍。

二是区域覆盖不断扩大。截至2015年6月底，中资银行在50多个国家和地区设立1200多家分支机构，其中五大行境外机构占比超过90%。

三是集团贡献度明显提升。“十二五”时期，五大行境外资产、营业收入和税前利润年均增长20%左右，明显高于人员和机构5%左右的增长水平。同时，这三项指标占五大行集团整体的比重分别达到9.2%、8.3%和7.6%，较2010年分别提高3.6、2.4和1.4个百分点。

大型银行之外，部分全国性股份制银行也在积极推进国际化战略。如招行已在7个国家和地区布局，网点覆盖美欧亚10个国际城市。目前海外分行以服务境内客户为切入点，以信用传输融资类业务为主，并逐步向“轻型化”转型。兴业银行设立香港分行，国际化发展迈出实质性一步。

（六）大力发展互联网金融，向智慧型银行转型

互联网虽不会改变金融本质，但不代表互联网大环境下，金融仍然一定是传统金融机构的自留地。不同类别的银行都积极发展自身互联网金融业务，推动本行向智慧型银行转型，主动迎接挑战。

1. 大型银行方面

工行一是建立融 e 购、融 e 行、融 e 联三大平台，形成了互联网金融运作的基本架构。二是打造形成线上支付、融资、投资理财三大产品线，2016 年上半年 e 支付客户接近 1 亿，支付金额超过 2000 亿元，投资理财交易额超过 3000 亿元；网络融资余额超过 6000 亿元。

建行依托新一代核心系统，加强基于互联网、物联网、大数据的智慧型产品、服务和模式创建，构建网络综合金融服务平台。高标准建成 12 家智慧银行和一批旗舰网点，成为国内首家在生产环境实现“金融云”的商业银行。

中行制定互联网金融 e 中银三年发展规划，推出跨境电商直连、易商理财等创新产品，推进大数据精准营销和网络融资应用。同时网点智能化建设取得初步进展，2015 年建成智能化网点 2598 家，网均减少柜员 0.9 人。

2. 中小型银行方面

招行采取手机优先策略，将客户服务以手机为中心进行重构，打造“以手机为中心，端到端服务流程”，推动组织向互联网靠拢。让手机 APP 连接一切金融服务，通过“手机即卡、手机即网点、手机即顾问”实现“手机即银行”，达到体验更好、成本更低、服务更轻的目标。

浦发银行正式发布“SPDB +”互联网金融发展战略，一是提升渠道的数字化服务能力，二是创新互联网融资业务模式，三是推进“SP-

DB +”与实体经济互联网生态圈的融合。

平安银行在公司业务端推出“供应链金融 + 互联网金融”整合服务平台——橙 e 网平台，集成了 PC 网页、移动终端 APP 等多个服务渠道和功能模块，无缝嵌入交易必需的支付结算、网络融资、投资理财和物流增值服务。在零售业务端加大推进零售智能银行建设力度，口袋银行、平安橙子直通银行不断创新功能。

二、当前银行转型面临的问题与挑战

总的看来，“十二五”以来我国银行业金融机构适应外部经济环境变化和金融改革要求，推进转型取得了一定进展。但与实体经济转型升级的需要相比，与银行自身可持续发展的需要相比还存在较大差距。调研中各行普遍认同当前是我国银行股改上市以来最为困难的时期，对绝大多数银行而言，真正的转型才刚刚开始。当前银行转型面临的问题和挑战主要有六个。

（一）银行转型面临的外部压力巨大

一是经济下行期风险加速暴露。在当前企业经营效益明显下滑、制造业去产能、房地产去库存、实体经济去杠杆持续推进背景下，国内商业银行信用风险不断增大，呈现出由“点”（单个企业）、向“链”（产业链）和“面”（行业、区域）纵向和横向传播的态势。人民币汇率波动、利率市场化改革也对银行市场风险和流动性风险管理提出更高要求。同时，随着我国“走出去”企业业务的拓展和全球金融监管要求持续加严，我国银行推进国际化转型所面临的国别风险、合规风险更加严峻。

二是息差持续收窄，保持盈利增长压力大增。2015 年我国五大银行利润增速已不足 1%。受央行调息、利率市场化和“营改增”试行的影响，2016 年上半年我国五大国有商业银行利息净收入都较去年同期出现负增长（见图 8－1）。这说明即使银行规模平稳增长也无法带动利息净收入有效增长。2016 年前三季度，国内商业银行净息差降至 2.24%，同比下降 29 个基点，静态估算影响利差收入 5000 亿元。[①] 以北京农商行为例，2016 年前三季度利息净收入同比下降 3.56 亿元，资产利润率、净资产利润率同比分别下降 0.12 和 1.31 个百分点，全行净息差 1.76%。同比下降 0.41 个百分点。

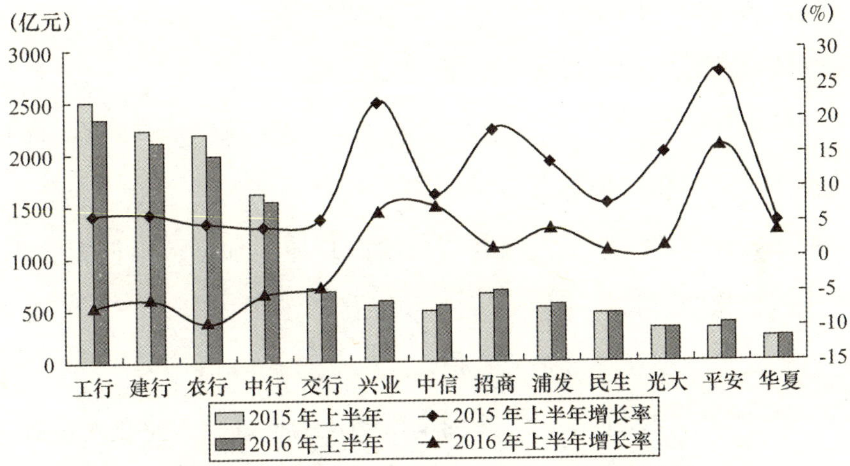

图 8－1　2016 年上半年利息净收入驱动因素分析

三是资本补充压力较大。金融危机后，巴塞尔委员会推出的第三版巴塞尔协议和 TLAC 对大型银行尤其是全球系统重要性银行提出了更高的资本要求。国内监管实践通过《商业银行资本管理办法》、宏观审慎评估等也对大型银行的资本管理、业务稳健发展提出了更高要求。未来一段时间，资本对银行规模边界和利润增速的刚性约束将显

① 易会满：“重构银行资产负债表”，载《中国金融》2017 年第 1 期。

著增强。在资本要求提高、利润增速放缓、内生资本积累降低的情况下，国内银行尤其是大型银行面临较大的资本补充压力。

（二）转型同质化问题严重

自专业银行推行商业化改革以来，同质化经营一直是我国银行发展中的突出问题。值得注意的是，在转型过程中再次出现同质化倾向。

一是发展战略同质化。各银行提出的发展方向有颇多相同之处。互联网金融、打造交易银行、零售银行、轻型银行、发展财富管理等中间业务，成了各家银行竞相角逐的重点领域。在外界环境竞争加剧、客户需求多样以及国家对外开放进程加快的环境下，综合化、国际化的发展战略更是大型银行转型的重点。

二是市场定位同质化。在区域定位上，当前服务京津冀一体化、长江经济带以及积极参与“一带一路”战略，成为各家银行业务拓展的突破口。在客户定位上，随着金融脱媒现象的加剧，银行大客户流失严重，存款增速持续下降，大多数银行都出现了客户下沉的现象，加大力度发展中小及小微企业客户。

三是业务结构同质化。随着利率市场化的推进，营业收入构成中，利差收入占比普遍缩小，中间业务收入逐年上升。目前除个别银行非利息收入在总收入中占比超过30%以外，多数银行的非利息收入占比在20%以下，与目前国际一流银行普遍40%左右的非利息收入占比尚有较大差距。

四是产品和服务同质化。在银行业中不存在创新，这是银行从业者公认的事实。因为银行业中模仿、复制的速度惊人，所以，虽然各家银行一方面都在探索特色化之路，另一方面也不愿放弃任何一个领域的蛋糕，这就导致我国银行业中产品和服务还是高度趋同。

（三）内部管理能力有待提升

国际银行推进转型的经验和教训表明，银行要成功实现业务模式转型，必须同时推进内部管理转型。当前我国商业银行内部管理能力整体上看仍亟待提升。

一是在经营理念上，“规模即效益”仍是多数银行的经营理念，只不过这里规模已不再仅仅指银行表内资产，而是包括表外业务和表外业务所涵盖的各类资产总和。

二是在资产负债管理方面，随着利率市场化、金融脱媒背景下资产负债结构多元化，对资产负债管理的广度、深度以及前瞻性的要求都随之提高。

三是在定价管理上，国内银行尤其是中小型银行内部 FTP 定价策略需要进一步完善，利率风险分担原则尚不够明确，与定价相关的基础数据积累存在一定缺失，相关人才也比较缺乏。

四是在资源配置和成本管理上，尚未建立以战略为导向的资源配置机制，资源配置效率较低，成本管理手段较为落后，特别是前台业务部门缺乏成本管控意识，很难适应市场环境的转变。

五是在绩效考核上，考核指标偏多、缺乏灵活机动性、效益指标的考核权重偏低等弊端迫切需要加以改进。

六是在风险管理上，国内银行尤其是中小型银行普遍缺乏高级的量化风险管理技术，利率市场后条件下的利率风险管理能力也亟待提高；在体制机制上，我国商业银行仍然沿用“块块”的传统模式，条块分割还比较严重，尚未建立起以客户为中心、自上而下的，进行专业化、协同性的垂直型管理的组织架构。

（四）转型中的监管套利——表外业务扩张

近年来，随着宏观经济环境变化和政策调整，以规避信贷调控和监管为主要目的的银行表外业务创新快速兴起且不断出新。从早期的银信合作、同业代付，到近期的信托受益权、银证合作、银基合作、银保合作等，围绕资产出表的通道类业务层出不穷，形成了与金融宏观调控和监管的动态博弈。监管机构不得不持续出台政策进行规范乃至直接叫停。

银行资产出表的动力主要来自三方面。一是为释放表内贷款空间，转移存量贷款资产。二是为降低资产风险权重，提高资本充足率。通过表内信贷包装出表，实现资本和拨备节约。三是规避针对融资平台、房地产和产能过剩行业的监管调控措施。

加强银行表外业务管理应遵循三个原则。一是表内业务与表外业务的资产负债表不可以直接加总。二是表外业务与表内业务的资产负债表应实现整体紧密联系、风险隔离可分。三是应根据不同的表外业务类型进行风险分类识别、区别管控。

（五）求多、求全的发展情结

在资本、资源有限的前提下，各行需要重新审视求多求全的发展模式，认清下列问题危害。

一是业务求全但不强大，投入产出效率不高，损害股东价值。大型银行向多元化金融领域拓展时间已有二三十年时间，但即使与国内市场领先者相比，大型银行的多元化子公司在服务覆盖面、产品研发能力以及服务水平等方面也存在一定差距。有的大型银行习惯以传统商业银行思维管理多元化子公司，对子公司的管控多于投入。从投资回报角度看，除了基金类子公司外，大型银行多数多元化子公司的股本回报率、资产回报率低于集团总体水平。

二是客户求全但不精准，规模效应和协同效用不高。与国内同业比，大型银行在某些业务领域的客户选择精准度不高，客户获取能力和服务竞争力有待提高。例如，在私人银行业务领域，大型银行尽管占尽网点数量和客户数量优势，但各行的私人银行客户资产规模上整体落后于客户数量相对较少的招商银行（见表8－1）。

表8－1　2015年年末私人银行业务统计

	资产管理规模（亿元）	客户数（万人）	户均资产（万元）
工商银行	10600	6.2	1699
农业银行	8077	6.9	1171
中国银行	8100	8.7	936
交通银行	4073	3.0	1358
招商银行	12521	4.9	2555
总　计	43371	29.7	1461

三是渠道求全但不高效，资源投入产出比下降，瓶颈有待突破。大型银行各类渠道的快速扩张并没有带来网点效率的革命性提升。2015年年末，农业银行、中国银行、建设银行等大型银行的自助设备总量约是2010年年末的2倍以上，企业网银、个人网银的客户数及交易量约为2010年年末的3倍以上，但网均存款、贷款及净利润仅分别比2010年年末提高了约43%、65%和63%。同时与国内领先同业比，大型银行的渠道效率仍然偏低。以招商银行为例，2015年年末，该行的网均净利润达3379万元，约为交通银行的1.6倍，工商银行、中国银行、建设银行的2倍，农业银行的4.4倍，网均存款、贷款亦大幅领先五家大型银行。

四是海外拓展不甚稳健，蓝海或变“鸡肋”。2015年年末，大型银行已经在全球58个国家和地区设有机构或注册法人机构，但多年来海外布局路径基本雷同，即先在港澳地区设点，再在欧美发达国家国际金融中心布局，然后向其他新兴市场扩展。目前，几家大行在亚太和欧洲等地区主要经济体的布局高度重合，呈现梯次进入、扎堆布局、同质化竞争的现象。同时，大型银行在海外的扎堆式扩张和同质化竞争使得各行海外资产的利润率连年低于集团总体水平，个别银行2015年年末海外资产利润率比集团低一个百分点以上。

（六）限薪造成高端金融人才难留

现代金融服务业是人才密集型行业，高端金融人才对行业发展的作用将更加显著。但新常态下，商业银行负重转型过程中面临人才大量流失的威胁，尤其是近年来互联网金融企业以极具吸引力的薪酬从商业银行吸引了大量人才。而各类国有控股银行陆续实施限薪制度后，高管薪酬水平比以往下降30%～70%，限薪同时造成高管职务高低、责任大小与薪酬待遇负相关，工作积极性主动性客观上受到影响。银行业应是尊重人才、体现人才价值的真实市场，对高管的行政化限薪违背了市场经济规律，可能导致“劣币驱逐良币”的市场扭曲局面，甚至出现懒政怠政、岗位寻租的风险。

三、“十三五”时期我国银行转型的指导思想、基本原则与总体方向

（一）指导思想

十八届五中全会确立了“创新、协调、绿色、开放、共享”五大发展理念，既是“十三五”乃至更长时期引领、指导、推动包括银行业在内的国民经济各行业向更高层次转型发展的总体纲领，也是我国银行业转型升级、提升服务实体经济质效的根本指导思想。具体而言，

创新发展作为第一生产力，是银行转型最重要的动力源；协调发展可通过统筹经营能力，有效增强银行转型的持续性；绿色发展可通过提高经营质量和效益，持续提升银行转型价值；开放发展可通过拓展发展空间，有效扩大银行转型广度；共享发展可通过扩宽金融服务覆盖面，持续增强银行转型深度。商业银行应全面践行五大发展理念，在转型发展中持续提高服务实体经济的能力。

（二）基本原则

一是坚持服务实体经济原则。商业银行转型发展应当与我国经济发展方式转变和结构调整相适应，始终围绕实体经济发展要求，加快产品和服务创新，拓宽服务实体经济的渠道和领域，不断改进和强化服务实体经济能力。

二是坚持差异化发展原则。商业银行转型发展应当立足于差异化、特色化、专业化的发展战略，明确符合自身比较优势的市场定位，深耕细分领域，聚焦目标客户，不断提升核心竞争力。避免“千军万马挤一座独木桥”。

三是坚持商业可持续原则。商业银行转型发展应当遵循市场规律，根据市场需求确定经营战略和效益目标，注重成本约束和风险管控，确保收益覆盖成本和风险，在业务模式、管理流程和绩效考核等方面建立可持续发展的长效机制。

四是坚持金融创新与风险管控并重原则。商业银行转型发展应当始终注重金融创新与风险管控的有效平衡。一方面，应积极推进金融创新，拓展金融服务领域，提升金融服务质量，持续满足多元化金融需求；另一方面，应不断完善金融创新产品和服务的内部风险管控机制，充分识别、评估并有效管控新业务所面临的各类风险，加强投资者适当性管理，切实保护金融消费者的合法权益。

五是坚持协调性原则，即银行发展方式、业务模式、经营理念、管理手段等都要协调积极转变，转型才能真正完成。

六是坚持渐进性原则，这是由转型的长期性和艰巨性所决定的，转型必须逐步渐进、审慎推进。

（三）总体方向

我国银行业应着力推进包括发展理念、战略定位、业务结构、发展方式、经营模式、组织架构、体制机制在内的一系列系统的转型和创新，具体而言有七点。

1. 发展理念从拼规模、抢速度向创新型、内涵式、共享型发展转变

为应对诸多挑战，破解发展难题，商业银行要切实转变发展理念，摒弃以往规模为王、速度制胜的经营理念，秉持“行稳致远、稳健发展”的观念，树立创新驱动、市场导向、内涵发展、协调运作、成果共享的发展理念。创新是引领发展的第一动力，要切实打造创新文化，全面优化各项机制，理顺责权利关系。以客户为中心、以市场为导向是改革转型的内在要求，要尊重市场规律、主动适应市场变化，让市场化手段在内部资源配置中发挥决定性作用。内涵式发展是银行基业长青的必由之路，应追求低资本消耗、低成本扩张，追求纳入风险因素后的长期效益最大化。协调是提升改革转型效率的内在要求，要打破客户、产品、数据、信息、流程、资源的“部门所有制”，提升战略连接度和集团层面协同效应。成果共享是改革转型的落脚点和出发点，必须完善制度安排，平衡员工、客户、股东等利益相关者的关系。

2. 差异化的发展方式转型定位

要打造“十三五规划”所要求的广覆盖、多层次、有差异的银行机构体系，就必须借鉴国外商业银行转型发展的成功经验，结合我国银行业自身特点，从市场定位、商业模式、产品创新、金融服务等方面入手，采取适合自身特点的差异化发展策略，巩固和强化核心竞争力，在转型过程中赢得主动权，避免新一轮的“同质化经营”。

大型银行应以“优化结构、全面发展，综合经营”作为发展方向，全面协调发展各类客户和各项业务，持续不断优化结构，努力打造经营特色。在控制风险的基础上，稳步向综合化经营的多元化银行迈进，逐步走国际化道路。应注意，综合经营需要巨大的投入，且见效慢。要高度重视综合化经营对风险管理的挑战，切实加强对资产负债表风险传染、声誉风险传染、关联交易风险、内部交易风险、资本重复计算风险等的管控，审慎推进有关综合经营试点。在国际化方面，银行应充分考虑自身特点和国际化可能面临的风险，制定合适的国际化战略，并着重加强对跨境风险的监测和管理。需要强调的是，在全面协调发展各类业务和推进综合化经营的框架下，大型银行同样可以依托特色业务、打造差异化的竞争优势。从国际上看，即使是美国银行、汇丰银行、渣打银行这样的国际大型银行也表现出明显的经营差异化。美国银行的本土零售业务是其强项，汇丰银行一直坚持多元化的发展战略，渣打银行则以新兴市场为重点业务发展区域。我国大型银行同样可以结合自身优势和特点，在某些行业、区域或业务领域形成独特的竞争优势，通过特色化经营类打破一味求多求全的“鼯鼠情结”。

以全国性股份制银行和大型城商行为代表的中型银行则应“服务中小、专业拓展，打造特色”，走与自身经营特色、业务优势相匹配的专业化发展道路，不求“做大、做全”，注重“做精、做细”，审慎推进综合化、国际化经营。打造以中小客户为主的“橄榄形”客户结构，提高对单一客户的“钱包份额”。由于专业化经营耗时长、不会很快见效，需要银行从战略定位、人才和系统上做充分准备，做好长时间积累的准备。

中小型城商行、农商行等小型银行则应“聚焦小微，立足社区、本地发展”，在找准自身定位的基础上，夯实客户基础、稳定核心负债，提供快捷灵活、特色化的金融服务。

3. 功能定位从单一融资中介向综合金融服务商转变

“十三五”时期，随着客户需求的多元化，财富意识的增强和移动互联网技术的进一步发展，银行将不再仅仅是投融资转换的信用中介，而是资源的整合者、风险的匹配者和财富的管理者。银行需要积极拓宽金融服务视野，丰富金融服务模式，“跳出银行办银行”，将服务视角从经营单一客户拓展至全产业链的客户群，将服务理念从简单地提供产品拓展至帮助客户建立生态圈并维护其良好运作，将服务范围从单一银行产品拓展至涵盖银行、证券、保险等多资产组合，将产品从简单的存、贷、汇拓展至包括结算、贷款、托管、咨询等在内的“一揽子”综合金融解决方案，将服务方式从银行渠道为主向银行与证券、保险、信托等非银行金融机构深度合作、交叉竞合、协同服务转变。

4. 发展模式从过于倚重息差、过快资本消耗向多元化、表外化、轻资本转变

在利率市场化改革总体上完成，净息差中长期趋势性收窄，资本补充压力加大的背景下，商业银行要不断加大资产结构、负债结构以及表内外业务结构的调整力度，努力打造“轻型银行”，改变传统以利息收入为主、高资本消耗的业务模式。

在资产结构上，同业资产、债券投资等非信贷资产是近期的发展重点，规模扩张较快，未来非信贷资产占比将从目前的50%左右提高到五年后的70%左右，部分银行可能超过70%。

在负债结构上，银行将更加重视同业负债、大额存单、债券发行等主动负债业务的发展，未来存款占比可能从目前的70%以上逐步下降到五年后的50%左右，非存款负债占比呈"半壁江山"。表外业务规模扩张是未来商业银行业务结构最引人注目的变化，投资银行、资产托管、财富管理、现金管理、交易型银行（以代客为主）等表外业务将呈快速发展之势。部分银行表外资产规模将达到甚至超过表内资产规模，"表外再造一家银行"可能成为现实。

5. 经营范围转型：从以商业银行业务和本土业务为主向更加注重跨境跨业跨市场经营转变

"十三五"时期将是有条件的中资银行加快国际化、综合化发展、改变过去以商业银行业务和境内本土业务为主的重要时期。在人民币入篮的背景下，围绕"一带一路"等国家战略和自身全球化经营的需要，中资银行特别是大型银行将在主要国际金融中心、人民币离岸中心、"一带一路"沿线国家进一步加快机构布局。中资银行海外分（子）行将以服务境外中资企业和当地本土客户并重，不断提高自身经营水平、扩展业务规模。大力开展包括贸易融资、支付结算、跨境投融资、跨境财富管理、跨境现金管理、跨境交易型业务等新老业务并重、本外币并重的跨境金融业务。在综合化方面，在监管规范的前提下，将会有更多的大中型银行加快在证券、保险、基金、期货、信托等非银行金融领域布局，实施集团化运作、全牌照运营、跨市场发展，在客户信息、信息系统、产品组合、营销拓展等方面互利共享、协同发展。

6. 互联网金融从技术应用走向理念、模式、机制全面创新

商业银行发展互联网金融将不再是仅仅运用互联网技术对现有产品进行改造，而是自觉运用互联网思维，进一步深度融合互联网，创新理念、模式、机制，深度融入移动互联时代，升级再造传统业务和发展新兴互联网金融业务并重，打造符合自身特点的互联网金融模式。一方面，领会并运用以开放、互动、零距离、场景为王、体验至上等为主要特征的互联网新思维，利用互联网技术对现有产品和服务进行整合改造升级，打造线上线下一体化、互补协同、双轮驱动的无缝式、全渠道服务体系，建立基于移动互联的互动式、场景化、特色化获客平台。另一方面，通过“事业部 + 互联网金融子公司”全新模式，通过服务目前传统商业银行服务不好、服务不了与服务不到的客群，汲取行外客户资源，拓展新的利润增长点，积极打造与线下母行齐头并进，客户、业务互补的网上“第二银行”。

7. 内部管理转型：从简单粗放、缺乏协同向精细化、专业化、协同化转变

如果缺乏强有力的内部管理支持，商业银行转型将难以获得持续稳健的成果。在经济下行、风险暴露、改革推进、竞争加剧的全新经营环境下，银行将更加注重提升内部运营管理的集约化、精细化、专业化能力。

一是要强化“以利润为中心”的经营理念，摒弃“规模即效益”的经营理念。要着重加强整体资产负债管理能力，完善资产负债调控管理机制，积极学习国外先进商业银行的管理方法，提升定价管理水平。

二是建立以 RAROC 为导向，并有助于优化信贷资源配置和业务转型的授信机制，积极发展新产品、新业务，切实推进小微企业信贷业务。

三是优化资源配置模式，提高资源使用效率，加强成本管理，推进降本增效。绩效考核要突出效益优先的原则。

四是着力提升风险量化和管理水平，加强流动性和利率风险管理。

五是真正建立以客户为中心、从总行到分行自上而下的，专业化、协同性的垂直型管理组织架构，切实加强条线化管理。深化事业部制改革，形成适合自身情况的架构流程和改革路径，完善配套的资金定价、双边记账、收入分成、绩效考核机制，提升专业化、集约化、市场化的经营管理能力。

六是不断加强信息化建设，夯实业务转型的信息系统基础，努力打造智能化银行。

七是探索 AUM（资产管理规模）体系的有效应用，探索建设以 AUM 为基础的客户发展体系、资源配置体系和绩效管理体系，逐步替代以存贷款为基础的传统模式，为建设综合型财富管理机构提供科学标准。

执笔人：王　刚